百年烽火解析

王渝生　主编

中国大百科全书出版社

图书在版编目（CIP）数据

百年烽火解析 / 王渝生主编 . -- 北京 : 中国大百
科全书出版社，2025. 1. -- ISBN 978-7-5202-1757-6

Ⅰ . K152-49

中国国家版本馆 CIP 数据核字第 20254LT529 号

出　版　人：刘祚臣
责任编辑：程忆涵
责任校对：杜晓冉
责任印制：李宝丰
出　　　版：中国大百科全书出版社
地　　　址：北京市西城区阜成门北大街 17 号
网　　　址：http://www.ecph.com.cn
电　　　话：010-88390718
图文制作：北京杰瑞腾达科技发展有限公司
印　　　刷：唐山富达印务有限公司
字　　　数：100 千字
印　　　张：8
开　　　本：710 毫米 ×1000 毫米　　1/16
版　　　次：2025 年 1 月第 1 版
印　　　次：2025 年 1 月第 1 次印刷
书　　　号：978-7-5202-1757-6
定　　　价：48. 00 元

编委会

主 编：王渝生

编 委：（按姓氏音序排列）

　　　　程忆涵　杜晓冉　胡春玲　黄佳辉

　　　　刘敬微　王　宇　余　会　张恒丽

目录

第一章　战云压城——欧洲的著名战役

[一、法国战局]

第二次世界大战中，德国为侵占法国等西欧国家于1940年5～6月采取的军事行动。

德国占领波兰后，即加紧准备进攻法国，拟订"黄色"和"红色"作战方案。企图是首先集中优势兵力攻占荷兰、比利时、卢森堡和法国北部，直扑英吉利海峡，迫使英国媾和；尔后挥师南下，进军法国腹地，迫其退出战争。部署是在北海至瑞士一线展开3个集团军群136个师，其中A集团军群在中

德军在荷兰实施空降作战

1940 年 6 月 21 日，法国投降前一天，一辆德国坦克越过法国埃纳河

路经阿登地区向英吉利海峡实施主攻，分割围歼法国北部和比利时境内的英法联军；B 集团军群在右翼实施助攻，占领荷兰和比利时北部后协同 A 集团军群围歼英法联军；C 集团军群在左翼马奇诺防线正面实施佯攻。英法联军在加来海峡至瑞士的法国边境地区部署 108 个师，组成 3 个集团军群，与 22 个比利时师和 10 个荷兰师共同实施战略防御。战局分为两个阶段。

第一阶段（05—10 ～ 06—04）。5 月 10 日，德军发起"黄色"进攻战役，首先对荷、比、卢三国机场等目标实施空中突击，并使用空降兵抢占战略要地，随后地面部队发起全线进攻。A 集团军群装甲部队通过阿登山区后，于 13 日强渡默兹河，14 日占领色当，20 日占领阿布维尔，分割索姆河以北的英法联军。B 集团军群于 14 日占领鹿特丹，15 日迫使荷军投降，17 日占领布鲁塞尔，28 日接受比利时投降。被围困在敦刻尔克地区的英法联军约 40 个师乘德军暂停进攻之机，于 26 日开始从海上撤往英国，至 6 月 4 日共撤出 33.8 万余人。

第二阶段（06—05 ～ 06—25）。6 月 5 日，德军发起"红色"进攻战役，突破法军沿索姆河和埃纳河仓促构筑的"魏刚防线"，直扑巴黎。10日，意大利对法、英宣战。法国政府先后迁至图尔和波尔多。14日，德军占领巴黎并迁回到马奇诺防线侧后，与从正面进攻的C集团军群对法军形成合围。17日，法国贝当政府求和，并于22日和24日先后同德、意签订停战协定，同意德国占领法国北部和大西洋沿岸地区，并宣布退出战争。

此战，德军损失15.6万余人，英军损失6.8万余人，法军损失210万余人（其中被俘190万人）。德军选择法比边境不利于装甲部队机动而对方防御薄弱的阿登山区出其不意地实施主要突击，达成了战役突然性。法国军事思想落后，墨守第一次

守备军进入综合工事群

马奇诺防线之一部

大洋沿岸

世界大战依托坚固阵地防御经验，把大量兵力束缚在防御阵地上，对德军主攻方向判断失误，对装甲集群的快速突击认识不足，从而导致迅速败降。

[二、北非战局]

第二次世界大战中，英美盟军同德国和意大利军队为争夺北非和地中海的控制权而采取的军事行动。

隆美尔（1891～1944），德国元帅

艾森豪威尔（1890～1969），第34任美国总统（1953～1961），陆军五星上将

1940年6月10日，意大利向英法宣战，相继在东非和北非采取行动，企图驱逐英法势力，建立"地中海帝国"。初期意军占绝对优势，驻北非意军共15个师，约21.5万人；驻北非英军只有2个师另14个步兵营，约3.6万人。9月，意军发起进攻，从利比亚进入埃及，占领西迪拜拉尼后因补给困难停止前进。12月，英军向意军发起反攻，突破意军防线后于1941年1月进占图卜鲁格。后由于英国政府从北非调兵增援希腊，英军停止追击，在欧盖莱、迈拉代以东一线转入防御。2月中旬起，德军统帅部派 F.J.E. 隆美尔率非洲军（辖3个师）驰援意军。3月底，德军向兵力空虚的英军阵地发起进攻。英军不敌，被迫退守埃及，仅留部分兵力坚守图卜鲁格。德军于4月15日进至塞卢姆、杰格布卜一线后，因对苏开战在即、兵力得不到补充而停止前进。11月，英军在得到补充后发起代号为"十字军"的进攻，企图在图卜鲁格附近围歼德意军主力，但由于平分兵力，使德意军得以从容撤至欧盖莱。1942年1月，德意军在恢复补给后发起反击，将英军击退至艾

因盖扎莱。5 月下旬，德意军再次发起进攻，于 6 月攻入图卜鲁格，并企图在行进间占领阿莱曼，但受阻。此后，双方在阿莱曼地区形成对峙。10 月 23 日，B.L. 蒙哥马利指挥英第 8 集团军发起

突尼斯战役中美军装甲部队在突进

阿莱曼战役，击溃德意军主力；11 月 8 日，D.D. 艾森豪威尔指挥英美盟军在摩洛哥和阿尔及利亚实施代号为"火炬"的北非登陆战役，使德意军腹背受敌，从而扭转了整个北非战局。为夺回北非战场的战略主动权，德军紧急增兵突尼斯，阻止登陆盟军推进，并多次组织反击。1943 年 2 月，由利比亚西撤的德意军与驻突尼斯守军会合后，在卡塞林山口发动最后一次反击，重创美第 2 军。3 月下旬，英第 8 集团军突破马雷特防线，迫使德意军北撤。4 月中旬，两路盟军完成对德意军的包围，随即发起突尼斯战役，至 5 月 13 日全歼德意军，俘 25 万人。

撒哈拉沙漠上的绿洲——摩洛哥

英军空军在北非作战

北非战局中，作战样式多为坦克交战，机动能力和后勤保障显得尤为重要。盟军在北非的胜利，稳定了中近东地区的局势，取得了进攻意大利的前进基地，并在一定程度上策应了苏军的作战行动。

[三、阿莱曼战役]

第二次世界大战期间，英国军队于 1942 年 10 ～ 11 月在埃及阿莱曼地区对德国和意大利军队发动的进攻战役。

1942 年 2 月，德意军在 E.J.E. 隆美尔指挥下向推进至欧盖莱的英军发起反攻，6 月占领图卜鲁格，迫使英军退守阿莱曼地区。8 月，B.L. 蒙哥马利接任英国第 8 集团军（辖 3 个军共 19.5 万人，坦克 1029 辆、火炮 2311 门）司令后，开始准备转入进攻。试图以主力在战线北段实施主要突击，首先由第 30 军突破对方防线，而后由第 10 军实施纵深突击，歼德意军主力于滨海地区；第 13 军在战线南段实施辅助突击。德意军（辖 12 个师共 10.4 万人，坦克 489 辆、火炮 1219 门）采取纵深梯次配置，企图依托支撑点式环形防御与大面积布雷相结合的坚固防线，阻滞和粉碎英军进攻。

阿莱曼战役

阿莱曼战役是北非战场的关键之战

　　10 月 23 日夜，英军发起进攻。在主攻方向上，第 30 军右翼澳大利亚第 9 师和英第 51 师、中路新西兰师和南非第 1 师突破敌前沿后在雷区开辟通路，但左翼印度第 4 师进攻受阻。24 日凌晨，第 10 军第 1、第 10 装甲师在通路尚未完成的情况下即投入战斗，进展缓慢。25 日，新西兰师向西南方向推进，遭德第 15 装甲师反击受阻。26 日，澳第 9 师开始向西北海岸方向推进，至 31 日进抵并控制沿海地区，切断德第 164 师退路。在助攻方向上，第 13 军的进攻为德军的雷区和炮火所阻，进展甚微。隆美尔在判明英军主攻方向后，将包括第 21 装甲师在内的德军主力全部调往北段，并与意军分开部署。蒙哥马利也向北段加强进攻力量，以与德军决战。11 月 2 日凌晨，英军重新发起进攻。第 1 装甲师在北段左

苏伊士运河
位于埃及东北部，贯通苏伊士地峡，是欧、亚、非三洲的重要海上通道。

翼于3日夜从德军和意军接合部达成突破，第10、第7装甲师等部队于4日晨从突破口向纵深发展进攻。德第15、第21装甲师余部实施反击，但因没有空中掩护，坦克大多被击毁。德第164师余部则被澳第9师歼灭。为保存实力，隆美尔命令德军全线撤退。由于德军将意军的淡水储备和汽车全部带走，致使4个意大利师被迫投降。

此役，德意军伤亡约2.5万人、被俘约3万人，英军伤亡1.3万余人。盟军从此开始掌握北非战场的战略主动权，转入对德意军的最后打击。

[四、意大利战局]

第二次世界大战中，美国和英国为迫使意大利退出战争并歼灭驻意德军而实施的军事行动。包括四次大规模战役。

西西里岛登陆战役　1943年5月北非战事结束后，美英首脑决定于7月实施代号为"爱斯基摩人"的西西里岛登陆计划，以确保地中海航线畅通，进而迫使意大利退出战争。担负登陆作战任务的盟军为第15集团军群，辖英军第8集团军和美军第7集团军。西西里岛守军为意军第6集团军和部分德军。7月9日夜，战役以盟军实施空降作战开始。随即，盟军登陆部队在西西里岛南

墨索里尼（1883～1945），意大利法西斯独裁者，首相（1922～1943），第二次世界大战主要战犯

部上岸，占领登陆场后兵分两路向北推进，于8月17日进占墨西拿，夺取全岛。其间，墨索里尼政府于7月25日被推翻，意新政府开始就投降事宜同盟军秘密接触。

意大利南部战役　鉴于意政府有投降意向，美英决定乘势进军意本土，占领意南部。参战盟军为第15集团军群，辖英军第8集团军和美军第5集团军。驻意德军为南方战线（11月改称C集团军群）所属第10、第14集团军。9月3日起，盟军先后在雷焦卡拉布里亚、萨莱诺和塔兰托登陆，10月1日

西西里岛海港鸟瞰

西西里岛上古老城镇的居民

占领福贾机场和那不勒斯，6日前出至沃尔图诺河与泰尔莫利一线。德军退守古斯塔夫防线，与盟军形成对峙。其间，意政府于9月3日同盟军签署停战协定，29日正式签署投降书，10月13日对德宣战。

意大利中部战役　1944年1月，盟军经苦战进抵古斯塔夫防线。其左翼第5集团军自17日起从正面发起3次进攻，但均告失利。所属第6军在防线后方的安齐奥登陆，但因未迅速向纵深推进而遭德军反击，被迫固守滩头阵地。5月11日，盟军发起全线攻击，突破古斯塔夫防线，并于6月4日占领罗马，迫使德军

盟军在佛罗伦萨以东渡过锡耶韦河,向哥特防线推进

退守哥特防线。9月,盟军攻破哥特防线,占领比萨和里米尼,但未实现重大突破,再次形成两军对峙局面。

意大利北部战役 1945年4月9日,盟军发起总攻,全面突破哥特防线,于18日攻占德军防御枢纽阿真塔,尔后转入追击。与此同时,意北部人民举行起义,解放米兰、都灵和热那亚。27日,墨索里尼在逃往德国途中被游击队抓获,次日被处决。5月2日,德军C集团军群投降,意大利战局结束。

在意大利战局中,美英盟军以损失32万余人的代价,歼灭德军近66万人,牵制其大量兵力,并利用意境内机场轰炸德国及其占领下的南欧地区目标,从而支援了南斯拉夫人民的反法西斯斗争,配合了苏军在东线及盟军在西线的作战行动。

[五、西欧战局]

第二次世界大战中,同盟国为彻底打败纳粹德国而在欧洲西部地区采取的一系列军事行动。

苏德战争爆发后不久,苏联即于1941年7月正式要求英国在西欧开辟第二战场。1943年1月,美、英卡萨布兰卡会议决定为在西欧登陆作准备。5月和8月,双方先后在华盛顿会议和魁北克会议上商定,美英盟军将于1944年5月在西欧登陆,实施"霸王"作战计划。此项计划经同年底美英苏三国首脑德黑兰会议予以最后确认。1944 年 1 月，D.D. 艾森豪威尔就任盟国欧洲远征军最高司令，负责组织实施"霸王"行动。

双方企图　盟军"霸王"行动的企图是：英、加军和美军分别为左右两翼在法国诺曼底地区登陆后，英、加军向法莱斯推进，美军主力则以法莱斯为轴心从右翼实施迂回，围歼这一地区德军集团，粉碎德军西线防御；尔后以左翼英、加军为主力，沿海岸向东北方向实施主攻，经荷兰绕过齐格菲防线攻入德国北部，迂回鲁尔并进击柏林；右翼美军则向科隆、法兰克福方向实施助攻，从南面迂回鲁尔，并掩护英军右翼。为牵制驻法国南部的德军，盟军在能够把诺曼底登陆战役中使用的一部分登陆舰艇转用于地中海战区时发起代号为"龙骑兵"的登陆战役。美法联军在法国地中海沿岸登陆并北上，与诺曼底登陆部队会合后向斯图加特、慕尼黑方向进攻，占领德国西南部。

盟军"霸王"行动的战前动员

巴黎鸟瞰

对盟军进军西欧，A.希特勒和西线德军早有预防，但判断失误，认为盟军最有可能在索姆河河口至加来沿海地区登陆，且未形成一致的抗击计划。西线德军总司令 K.R.G.von 伦德施泰特主张实施纵深机动防御，而驻守荷兰、比利时和法国北部的 B 集团军群司令 E.J.E. 隆美尔则坚持实施前沿防御。希特勒基本同意隆美尔歼敌于水际滩头的指导思想，但却决定亲自掌握装甲预备部队。

美军装甲部队快速推进

战局进程　根据盟军作战行动，整个战局可分为 4 个阶段。

登陆阶段（1944−06 ～ 07）。6 月 6 日，盟军实施诺曼底登陆战役，迅速占领滩头阵地，达成战役突然性，但未能如期占领德军防御枢纽卡昂、圣洛和瑟堡。德军初以为盟军在诺曼底登陆是佯攻，因此也未及时和集中投入预备队组织有力反击，但有效阻滞了盟军的推进，使战役很快陷入僵局。6 月底，盟军夺取瑟堡，但主力南下扩大登陆场的攻势却因德军顽强抵抗和灌木丛地形影响而多次受阻。直到 7 月 18 日，美英军才在强大的空中火力支援下分别攻占圣洛和卡昂，并于 24 日完成向法国内地发展进攻的准备。

突进阶段（1944−07 ～ 09）。7 月 25 日，盟军"眼镜蛇"行动。空军出动 2430 架飞机对圣洛以西 14 平方千米突破地段实施饱和轰炸，投弹 4000 吨，在德军防线上炸开一道缺口；地面部队随即发起进攻，冲破德军左翼防线，至 31 日占领阿夫朗什。8 月 1 日，盟军右翼第 12 集团军群快速通过阿夫朗什，分别向布列塔尼半岛、卢瓦尔河和塞纳河突进，8 月中旬在法莱斯地区与左翼第 21 集团军群合力围歼德 B 集团军群主力，尔后分兵展开追击。与此同时，美军第 7 集团军

1944 年 9 月，盟军在荷兰安恒近郊实施空降作战

于 8 月 15 日实施法国南部登陆战役，占领土伦、马赛等港口后迅速北上。8 月 25 日，盟军全线推进至塞纳河，并配合起义市民解放巴黎。随后，第 21 集团军群全力向东北方向实施主要突击，于 9 月上旬相继占领布鲁塞尔和安特卫普。第 12 集团军群则因补给短缺而进展缓慢，9 月中旬进到齐格菲防线附近便停滞不前了，使德军获得喘息时间加强该防线。9 月 17～26 日，第 21 集团军群为渡过莱茵河进入德国北部实施"市场-花园"战役，但大规模空降作战失利，未能实现战役企图，被迫沿马斯河转入防御。

攻坚阶段（1944—09～1945—02）。到 9 月下旬，盟军因受德军防御加强、后勤补给困难及阴雨天气等因素影响，举步维艰。为启用安特卫普港，第 21 集团军群于 10 月上旬发起斯海尔德河口战役，肃清了河口两岸德军，至 11 月 8 日打开该港。第 12 集团军群随即恢复进攻，但进展甚微。12 月 16 日，德军经周密计划和充分准备，集中 34 个师的兵力和 2500 余辆坦克，在盟军战线中部的阿登地区发起强大反攻，企图重占安特卫普，切断盟军补给线，围歼北线盟军主力，以迫使美、英媾和。德军的反攻达成战役突然性，其装甲部队突破美军防线，至 24 日向西推进百余千米，但在马斯河东岸受阻。盟军紧急调整部署，一面阻击突入德军，一面增援突出部内的巴斯托涅守军。22 日，美第 3 集团军从南

美军在托尔高与苏军会师

面发起反击，26 日与巴斯托涅守军会合。1945 年 1 月 3 日，美第 1 集团军从北面发起反击，16 日与第 3 集团军会师。1 月下旬，德军撤回齐格菲防线。阿登战役是德军在西线发动的最后一次进攻，虽推迟了盟军突破齐格菲防线的时间，但却严重削弱了自身的防御和机动兵力，从而加速了其在西线的溃败。

约德尔在兰斯盟军最高司令部签署投降书

决胜阶段（1945-02～05）。2 月 7 日起，盟军乘胜发起莱茵兰战役，全线突破齐格菲防线，至 3 月 21 日基本肃清莱茵河左岸德军，并在雷马根大桥建立起右岸桥头堡。23～24 日，盟军全线渡过莱茵河，尔后向德国腹地快速推进。为迅速占领德国全境并防止德军残部在阿尔卑斯山区组织游击战，并鉴于苏军已逼近柏林以及雅尔塔会议已划分盟国占领区，艾森豪威尔于 28 日决定放弃进攻柏林，改以第 12 集团军群在中路实施主要突击，向易北河畔的莱比锡、德累斯顿方向推进；第 6 集团军群和第 21 集团军群则分别向南北两翼扩张，并掩护第 12 集团军群翼侧。4 月 1 日，第 12 集团军群合围德 B 集团军群于鲁尔地区，4 月 18 日予以全歼。4 月 25 日，其第 1 集团军率先在易北河畔的托尔高与苏军会师。与此同时，第 21 集团军群向荷兰北部和德国北部推进，至 5 月 3 日占领吕贝克；第 12 集团军群右翼美第 3 集团军向捷克西部和奥地利西北部推进，至 5 月 5 日占领林茨；第 6 集团军群向奥意边界推进，至 5 月 6 日占领阿尔卑斯山各山口。5 月 7 日，德国武装力量最高统帅部作战部部长 A. 约德尔在兰斯盟军最高司令部签署无条件投降书，西欧战局至此结束。

战局特点　西欧战局是美英盟军在第二次世界大战中实施的规模最大的军事行动。至战局结束，盟军总兵力达 458 万余人、飞机 1.7 万架，以伤亡、失踪 84

莱茵河俯瞰

万余人的代价，歼德军 840 余万人（其中被俘近 811 万人），解放西欧并占领德国大部，对彻底打败纳粹德国起了重要作用。战局中，同盟国建立起军事史上第一个统一的盟军指挥机构，为战局的胜利提供了组织保证，对战后西方国家军队联合作战理论产生深远影响。盟军在周密计划、精心组织战略性作战行动，严格训练参战部队并巧妙实施战略和战役伪装，尤其在组织实施战略性登陆战役等方面取得了成功经验。盟军海军在保障登陆部队上岸和巩固登陆场的作战中发挥了关键作用。盟军空军实施了一系列战略与战场侦察、战略轰炸、战役遮断以及直接火力支援和后勤支援，显示出航空兵在现代战争中举足轻重的地位。空降部队实施了军事史上第一次集团军级空降作战，显示出空降兵的巨大潜力。另一方面，战局中盟军未能完全摆脱各国不同政治利益对战略方针和军事行动的影响；缺乏围歼敌重兵集团的经验，未能妥善解决主攻与助攻、追击与后勤之间的关系；情报部门过分依赖对德军密码的破译，未能发现德军战略企图；作战部门低估了灌木丛和河网沼泽地对装甲部队作战行动的影响。

[六、诺曼底登陆战役]

第二次世界大战中，美英盟军于 1944 年 6 ～ 7 月在法国北部诺曼底地区对德军实施的战略性登陆作战。西欧战局的重要组成部分。

1943 年，美、英首脑先后在华盛顿会议和魁北克会议上商定，并经美、英、苏三国首脑德黑兰会议最后决定，盟军于 1944 年 5 月在西欧登陆，实施"霸王"作战计划。其企图是英军和美军分别为左右两翼在诺曼底夺取登陆场，占领卡昂和瑟堡，而后英军向法莱斯推进，吸引德军主力，美军则以法莱斯为轴心向

诺曼底登陆

登陆部队抢占滩头阵地

二战中联军阵亡将士陵园

卢瓦尔河和塞纳河方向卷击，同时夺取布列塔尼半岛，粉碎德军西线防御。为隐蔽战役企图，盟军在登陆地域与地段、登陆时间与时机上进行了周密的选择，同时采取一系列伪装与欺骗措施，给德军造成盟军准备在加来地区登陆的假象。战役实施前，盟军进行了长达几个月的航空火力准备，德军的运输系统瘫痪，其机场、雷达等军事设施被摧毁。整个行动由盟国欧洲远征军最高司令D.D.艾森豪威尔组织实施，由第21集团军群司令任登陆部队前线指挥。防守法国北部的德军为E.J.E.隆美尔指挥的B集团军群，主力部署于加来地区。

6月6日凌晨，登陆行动首先以空降作战开始。盟军空降部队1.7万人乘1200架运输机分别在科唐坦半岛南端和奥恩河口附近实施伞降，以夺取海岸通道、重要桥梁和战略要点。与此同时，海上登陆舰队隐蔽驶抵塞纳湾，并于5时40分开始航空和舰炮火力准备。6时30分起，登陆部队先后在"犹他""奥马哈""哥尔德""朱诺""斯沃德"5个登陆地段突击上岸，至9时基本占领德军海岸阵地。7日起，盟军开始扩大滩头阵地，至12日建成正面80千米、纵深13～19千米的登陆场。但在扩大登陆场的作战中，因德军顽强防御和受灌木丛地形影响，除美军右翼于月底夺取瑟堡外，其他部队进展缓慢。7月初，盟军上陆部队已达100万人。但直到7月18日，美英军才分别攻占预定登陆初期夺取的圣洛和卡昂，

将登陆场扩大到正面 150 千米、纵深 13～35 千米。24 日，盟军完成向法国内地实施突破的准备工作，战役至此结束。

此次战役是第二次世界大战也是世界战争史上迄今规模最大的登陆战役，美英盟军共投入兵力 45 个师、各型飞机 1.3 万架、各种舰艇约 5000 艘，伤亡 12.2 万人。德军共投入兵力 15 个师、各型飞机约 500 架，各种舰艇 500 余艘，伤亡和被俘 11.4 万人。战役的胜利，为盟军在西欧展开大规模进攻奠定了基础，对于加速纳粹德国的崩溃具有重大意义。

诺曼底附近的断崖

法国诺曼底大桥

[七、苏德战争]

1941年6月至1945年5月，苏联抗击法西斯德国及其盟国侵略的战争。第二次世界大战的重要组成部分。苏联和俄罗斯称伟大卫国战争。

战前态势　德国进攻苏联是在计划周密、准备充分的情况下发动的。其对苏作战计划"巴巴罗萨"计划规定：集中优势兵力，沿3个战略方向实施闪电式进攻，把苏军主力消灭在苏联西部地区，尔后快速突击，直抵阿尔汉格尔斯克、伏尔加河、阿斯特拉罕一线，并用空军摧毁乌拉尔工业区，从而击败苏联。战争开始时，德军总兵力约730万人，用于侵苏兵力为500万，其中包括罗马尼亚、匈牙利和芬兰军队，共计陆军182个师（含19个装甲师、13个摩托化师）另20个旅，坦克和强击火炮约4400辆，火炮和迫击炮4.7万余门；空军作战飞机4400架；海军作战舰艇192艘。其部署是以北方、中央、南方3个集团军群分别向列宁格勒（今圣彼得堡）、莫斯科、基辅方向实施突击，另以德军挪威集团军和芬兰2个集团军分别向摩尔曼斯克和列宁格勒实施突击。上述方向的进攻部队，各有德军1个航空队和包括芬兰与罗马尼亚的航空兵提供支援。

战前，苏联虽对德军的入侵有所警觉，但对战争爆发时间和敌人主攻方向判断有误，对抗击德军的首次突击缺乏思想准备和应急措施，以致未能作好临战准备。战争开始时，苏军总兵力为570万人，其中部署在西部边境各军区的兵力为陆军186个师约310万人，火炮和迫击炮4.7万余门，坦克1.28万辆；空军作战飞机7500架；海军作战

伏尔加河

彼得宫城花园

舰艇396艘。其企图是以西南方向为主要作战方向，用边境掩护部队抗击德军突击，保障苏军主力集中和展开，以进攻消灭入侵之敌，并将战争推向敌国领土。

战争进程 1941年6月22日，德国撕毁《苏德互不侵犯条约》，突然进攻苏联。随着苏德战争的爆发，第二次世界大战进入一个新阶段，苏联战场成为大战的主战场。其进程可分为三个阶段。

第一阶段，德军发动战略进攻（1941年6月至1942年11月）。开战后，德军凭借暂时有利因素，利用苏联判断失误、戒备不足等弱点，一举突破苏军防御，尔后长驱直入，迅速占领立陶宛、拉脱维亚、爱沙尼亚全部和白俄罗斯大部，封锁列宁格勒，攻占基辅，并于9月底大举进攻莫斯科。苏军最初企图以进攻对付德军进攻，但连遭重创，被迫实施战略退却；在大片国土沦陷后，改取积极防御方针，以顽强防御阻止德军进攻，同时在敌后广泛开展游击战，不断疲惫和消耗德军，并于12月初转入反攻，消灭和击溃德军大量兵力。1942年4月，苏军取得莫斯科会战的胜利，初步稳定了苏德战场局势，粉碎了德国的闪击战计划，迫使其放弃全面进攻。5月起，德军开始在战场南翼实施重点进攻，向斯大林格勒（今

伏尔加格勒）和高加索方向突击，企图从侧后迂回莫斯科，并攻占外高加索的油田，切断苏联的战略补给线。苏军再次转入战略防御，实施斯大林格勒会战和高加索会战，到 11 月中旬阻止了德军进攻，为集结兵力转入反击创造了条件。

　　第二阶段，战场形势发生转折（1942 年 11 月至 1943 年 8 月）。11 月 19 日起，苏军在斯大林格勒方向开始大规模反攻，至 1943 年 2 月 2 日取得斯大林格勒会战的胜利，在整个会战期间损伤敌军近 150 万人，从而扭转了苏德战场的局势，使第二次世界大战出现历史性转折。尔后，苏军向顿河上游、库尔斯克方向和哈尔科夫方向发展进攻，收复部分国土。同时，高加索方向的苏军也转入反攻，至 4 月初解放北高加索大部地区。7 ～ 8 月，德军为夺回战略主动权与苏军进行库尔斯克会战，结果再遭惨败，损失 50 余万人，从此彻底丧失战略进攻能力，全面转入防御。

　　第三阶段，苏军实施战略反攻与进攻（1943 年 9 月至 1945 年 5 月）。库尔斯克会战后，苏军从 9 月起以 9 个方面军的兵力在大卢基到黑海长达 2000 多千米的战线上展开战略反攻，到 12 月收复近一半失地，解放布良斯克、斯摩棱斯克、基辅等城市。1944 年开始，苏军在巴伦支海到黑海的整个战线上发起战略进攻，连续实施第聂伯河右岸乌克兰、克里木、白俄罗斯、雅西–基什尼奥夫等一系列进攻战役，至年底收复全部失地，同时进入芬兰和挪威，并攻入罗马尼亚、保加利亚、波兰、捷克斯洛伐克、匈牙利和南斯拉

顿河鸟瞰

夫等国。上述东欧各国和阿尔巴尼亚人民抵抗力量，在苏军支援下解放全部或部分国土。1945年初，苏军在波罗的海至多瑙河全线发起进攻，先后进行维斯瓦河－奥得河、东普鲁士等进攻战役，并于4月16日发起柏林战役，5月2日攻克柏林。8日，德国无条件投降，欧洲战事结束。

1941年11月7日，斯大林在莫斯科红场举行庆祝十月革命24周年阅兵式，部队受阅后直接开赴前线

结局与影响　苏德战争中，苏联军民为彻底打败法西斯德国作出了巨大贡献。苏军共进行大小战役近250个，其中大规模战略性防御战役14个，战略性进攻战役37个；消灭和击溃德国及

1945年6月24日，红军战士在莫斯科红场举行的阅兵式上展示缴获的德军军旗

其盟国军队607个师，占其在大战中损失作战师总数的77.5%以上，其中德军损失达1000万人，约占其在大战中人员损失的80%。苏联也付出惨重代价，亡约2700万人，其中军人866.84万人；1710个城镇和7万多个村庄被占领和焚毁，国民经济和人民财产遭到空前破坏和洗劫，损失高达6790亿卢布。苏联的胜利及雅尔塔体制的确立，对战后世界形势和战略格局产生了深远影响。

　　此次战争表明：战争初期突然袭击和防御突然袭击，是战略指导的重大问题。德国利用突然袭击在初期获得重大胜利；苏联初期遭受严重损失，但能及时转入战略防御，使国家迅速转入战时体制，粉碎了德国的"闪击战"计划。战争期间，

德国闪击行动

交战双方的武器装备不断增加和改进，物资的消耗空前增长，既使军队对后方和后勤的依赖增大，也使经济因素和科学技术对战争进程的影响增强。作战指导的优劣直接影响战役战斗的成败，其中尤以正确选择主攻方向和有效使用战略预备队最为重要。德国在初期突击得手的情况下，多次不适当地改变主攻方向，丧失了有利战机；苏联在战略反攻和战略进攻中，能正确选择主攻方向，不给德军以喘息机会，并集中主力连续实施一系列战略性进攻战役。德军在多次重大作战中，都因缺乏战略预备队而达不到预期目的；苏军则因及时组建强大的战略预备队，并在关键时刻将其使用在主要方向上，从而得以持续发展胜利。随着战争规模空前增大，必须依靠巨大的军队集团才能完成战略任务，因而使得苏军的方面军群战役和德军的集团军群战役，相应成为战略性战役的基本样式。此外，在敌后开展大规模游击运动，也对夺取战争胜利具有重大影响。

圣彼得堡要塞

[八、莫斯科会战]

苏德战争中，苏军于 1941 年 9 月至 1942 年 4 月为保卫首都莫斯科而进行的一系列攻防战役。

1941 年 9 月，德军在攻占斯摩棱斯克和基辅、进逼列宁格勒后，依据"台风"作战计划，动用 180 万人、1700 辆坦克和 1.4 万门火炮进攻莫斯科，企图首先以装甲集群分别向东和东北方向实施突击，围歼苏军主力于维亚济马和布良斯克地区，而后以装甲摩托化兵团从南

莫斯科街区森严壁垒

北两翼对莫斯科实施包围，同时以步兵兵团从正面进攻，在冬季到来前攻占莫斯科。苏军则集中 125 万人、990 辆坦克和 7600 门火炮组织防御，试图依托纵深梯次配置的三道防线阻止德军推进并予以大量杀伤，同时组织游击队在敌后作战，为转入反攻创造条件。

9 月 30 日，德中央集团军群右翼首先向布良斯克发起进攻；10 月 2 日，其左翼主力向维亚济马以东发起进攻。苏军第一道防线很快被突破，并有 7 个集团军遭合围，至 10 月中下旬大部被歼，被俘达 67 万余人。至月底，德军突破苏军

莫斯科城市俯瞰

士兵在风雪中前进

第二道防线，但在加里宁、纳拉河、图拉一线受阻。11月7日，苏联领导人 J.斯大林照例在莫斯科红场举行庆祝十月革命 24 周年阅兵式，受阅部队通过红场后直接奔赴前线。11 月中旬，德军再次发动进攻，至 12 月初在北翼和中路进到距莫斯科仅 30 多千米处。苏军以顽强反击击退德军进攻，并于 12 月 5 日在加里宁至叶列茨约 1000 千米正面展开全线反攻，至 1942 年 1 月初将德军击退

莫斯科红场

100 ~ 200 多千米，解除了对莫斯科的威胁。而后，苏军乘势于 1 月 8 日向西、西北和西南 3 个战略方向发起总攻，至 1 月下旬对德中央集团军群形成深远包围。但 2 月初，德军得到增援后在维亚济马以南至勒热夫一线实施反突击，合围苏军部分兵力。苏军最高统帅部在战场形势持续恶化的情况下，于 4 月 20 日命令西方向部队转入防御，会战结束。

　　此战，德军损失 50 万人（其中冻死冻伤 10 万余人）、坦克 1300 辆，火炮 2500 门。会战中，苏军虽在初期作战失利，但及时调整部署，不断完善防御体系，加强对空和对坦克防御，重视战略预备队的组建和适时集中使用，善于组织炮兵火力突击及各军兵种和游击队的协同作战，从而扭转了战局，彻底粉碎德军对莫斯科的进攻，并向西推进 100 ~ 350 千米，使德军遭到大战爆发以来首次重大失败，从而宣告了希特勒闪击战的破产。

[九、斯大林格勒会战]

苏德战争中，苏军为保卫斯大林格勒（今伏尔加格勒）并消灭顿河与伏尔加河之间德军重兵集团，于1942年7月至1943年2月进行的一系列战略性攻防战役。

斯大林格勒保卫者英勇战斗

德军在莫斯科会战失败后，被迫放弃全面进攻，改向战场南翼实施重点进攻，企图夺取斯大林格勒和高加索油田，从侧后迂回莫斯科并切断苏军战略补给线。1942年7月中旬，其B集团军群前出到顿河大弯曲部，逼近斯大林格勒。苏军最高统帅部组建斯大林格勒方面军在该市以西组织防御。东南方面军、西南方面军、顿河方面军、沃罗涅日方面军左翼部队、伏尔加河区舰队和斯大林格勒军级防空区域，也先后参加了会战。会战按苏军的作战行动，分为防御和反攻两个阶段。

防御阶段（1942.7.17～11.18）。7月17日、31日，德军第6集团军和第4装甲集团军先后从西面、西南面发起进攻。苏军在城市远接近地和近接近地凭借预先构筑的防御地带，大量消耗德军突击集团，粉碎德军从行进间夺取斯大林格勒的企图。9月13日，德军攻入市区。双方展开激烈巷战，其中对火车站的争夺易手达13次之多。在苏军顽强抗击下，至11月中旬，德军虽在拖拉机厂、"街垒"工厂等地段突至伏尔加河岸，但始终未能占领整个城市。

反攻阶段（1942.11.19～1943.2.2）。11月19日起，苏军西南方面军和顿河方面军从斯大林格勒西北谢拉菲莫维奇和克列茨卡亚一线、斯大林格勒方面军从该市以南萨尔帕湖一带发起反攻，11月23日在卡拉奇以东的苏维埃茨基会师，合围德军第6集团军全部和第4装甲集团军一部，共22个师约33万人。德军为救援被围集团，于12月12日组织兵力从科捷利尼科夫斯基（今科捷利尼科夫）北上，沿途遭到苏军顽强阻击，被迫于23日南撤。24日，苏军斯大林格勒方面军从梅什科瓦河一线发起反攻，29日攻克科捷利尼科夫斯基，粉碎德军救援计划。1943年1月10日，苏军开始歼灭被围德军，其炮兵首次以徐进弹幕射击支援步兵和坦克冲击，至26日将被围德军分割成南北两部分，2月2日迫使其全部投降。

斯大林格勒会战在市区的战斗

苏军战士战斗在斯大林格勒废墟中（1942）

斯大林格勒战役英雄纪念碑综合体

此战是苏德战争乃至整个第二次世界大战的转折点。德军及其仆从国军队共有5个集团军被消灭，损失近150万人。苏军从此夺得战略主动权。会战的胜利坚定了全世界人民反法西斯斗争的必胜信心，巩固并扩大了国际反法西斯统一战线。

[十、库尔斯克会战]

苏德战争中，苏军同德军于1943年7～8月在库尔斯克地区的战略性会战。

斯大林格勒会战后，苏军收复哈尔科夫、顿巴斯后继续向西推进，沃罗涅日方面军侧翼暴露，受到德军猛烈突击，苏军被迫后退。3月中旬，战线稳定下来，在库尔斯克附近形成一个巨大的突出部。德军统帅部为扭转东线战局、夺回战略主动权，决定集中东线战场70％的装甲师和65％的作战飞机，在库尔斯克地区实施代号为"堡垒"的进攻战役，企图从南、北两翼向该突出部底部实施向心突击，围歼突出部内苏军。苏军大本营在判明德军企图后，决定在该

普罗霍罗夫卡坦克交战

库尔斯克会战

苏军空中力量在会战中发挥了重要作用

地区的中央方面军和沃罗涅日方面军暂时转入防御，以消耗德军突击集团，为转入战略反攻创造条件。

7月5日，德军南方集团军群和中央集团军群分别从南、北两翼对库尔斯克突出部发起进攻，但在苏军顽强抗击下进展甚微。到13日，北翼德军进攻只前进了9英里就被迫停止，转入防御。南翼德军进攻受挫后，将主力转至普罗霍罗夫卡方向。12日，双方在该地域投入1200辆坦克，进行了第二次世界大战中规模最大的坦克交战。15日，南翼德军被迫转入防御，16日后退至原出发阵地。与此同时，苏军以6个方面军计31个集团军在突出部南北发起两次进攻战役。一次代号为"库图佐夫"：7月12日，布良斯克方面军和西方面军对防守突出部北面奥廖尔地域的德军发起突然进攻；15日，中央方面军右翼转入反攻，从突出部向北突击。8月5日，苏军收复奥廖尔，18日前出到布良斯克东郊，将战线向

纳粹德国建立的庞大装甲机械化部队

西推进 150 千米。另一次代号为"鲁缅采夫"：8 月 3 日，沃罗涅日方面军和草原方面军在突出部南面向南和西南方向并肩实施突击，重创德军后于 5 日重新解放别尔哥罗德，23 日再度收复哈尔科夫，将战线向前推进 140 千米。

会战中，双方共投入兵力 400 余万人、火炮 6.9 万余门、坦克和自行火炮 1.3 万余辆、作战飞机 1.2 万架，均遭受重大损失。其中德军损失约 50 万人、坦克 1500 辆、火炮 3000 门、飞机 3700 余架。此战是德军在苏德战场上发动的最后一次战略性进攻战役。从此德军彻底丧失战略进攻能力，转入全面防御；苏军则完全掌握战略主动权，转入全线反攻。

普罗霍罗夫卡坦克交战

[十一、柏林会战]

苏德战争末期，苏联军队在波兰军队参与下于 1945 年 4～5 月攻占法西斯德国首都柏林的战略性进攻战役。

1945 年春，苏军进抵奥得河、尼斯河，美英盟军先头部队也前进到易北河附近，相距仅 150～200 千米。德国完全陷入孤立，人力物力枯竭，败局已定。但 A.希特勒困兽犹斗，企图拖延战争，期待同盟国内部发生分裂而使战争出现转机。担负柏林方向防御的是维斯瓦集团军群和中央集团军群，共约 100 万人，火炮 1 万余门，坦克和自行火炮 1500 余辆，作战飞机约 3300 架。德军建立了坚固的纵深梯次防御，包括奥得河－尼斯河防线和柏林防区。奥得河－尼斯河防线由 3 道防御地带组成，主力配置在第 2 道防御地带；柏林防区由 3 层围廊组成，外层围廊距

法兰克福（奥得河畔）

柏林会战

市中心 25～40 千米。苏军最高统帅部为彻底消灭德军于巢穴，结束欧洲战争，并先于美、英军攻占柏林，决心快速实施这次战役。参加战役的有 3 个方面军，辖 20 个诸兵种合成集团军（含波兰第 1、第 2 集团军）、4 个坦克集团军、3 个空军集团军、10 个独立坦克军与机械化军、4 个独立骑兵军，还有第聂伯河区舰队以及波罗的海舰队、空军远程航空兵和国土防空军各一部。合计 250 万人，火炮 4.2 万门，坦克和自行火炮 6250 余辆，作战飞机 7500 架。

战役于 4 月 16 日发起。乌克

兰第 1 方面军（司令员为苏联元帅 I.S. 科涅夫）和白俄罗斯第 1 方面军（司令员为苏联元帅 G.K. 朱可夫）经激战，分别于 18 日和 19 日突破奥得河－尼斯河防线，21 日开始强攻柏林。白俄罗斯第 2 方面军（司令员为苏联元帅 K.K. 罗科索夫斯基）于 20 日强渡西奥得河后迅速推进，牵制德军大量兵力，确保了白俄罗斯第 1 方面军右翼安全。25 日，乌克兰第 1 方面军、白俄罗斯第 1 方面军在柏林以西会合，对柏林形成包围。同日，苏军在易北河畔的托尔高与美军会师。26 日，苏军在

法西斯德国崩溃前夕的柏林

柏林墙

柏林以南开始分割围歼德军被围集团，同时经激烈巷战，于 27 日突入柏林中心区，30 日攻克国会大厦。同日，希特勒在总理府地下室自杀。5 月 2 日，柏林卫戍司令 H. 魏德林将军率残部投降。8 日午夜，德军统帅部代表 W. 凯特尔元帅在柏林签署无条件投降书。

此役，苏军共消灭德军 93 个师，俘获约 48 万人，缴获火炮 8600 门、坦克和自行火炮 1500 余辆、飞机 4500 架。苏军损失 30.4 万人、坦克和自行火炮 2156 辆、火炮 1220 门、飞机 527 架。攻克柏林，标志着法西斯德国的灭亡和欧洲战争的终结。5 月 9 日成为欧洲解放胜利日。

第二章　云谲波诡——大海对战争的咆哮

[一、大西洋之战]

地球第二大洋。位于欧洲、非洲和南、北美洲之间。北以冰岛-法罗岛海丘和威维尔-汤姆森海岭与北冰洋分界，南临南极洲，并与太平洋、印度洋南部水域相通，西南通过南美洲合恩角的西经 67°16′ 线同太平洋分界，东南通过南非厄加勒斯角的东经 20° 线同印度洋为界。

大西洋东西狭窄（赤道区域最短距离仅约 2400 多千米）；南北最长，约 1.6 万千米，呈 S 形。大西洋的面积，连同其附属海和南大洋部分水域在内（不计岛屿），约 9165.5 万平方千米，约占海洋总面积的 25.4％。平均深度为 3597 米，最深处位于波多黎各海沟内，为 9218 米。

第二次世界大战期间，英国、美国同德国在大西洋战区进行的保护与破坏海上交通线的作战。大西洋海上交通线是英国输入战略物资、工业原料和粮食的"生命线"。为迫使英国屈服，德国从大战伊始即以海军和空军破坏其海上交通线。

双方由此展开一场以潜艇战与反潜战为主要作战样式的海上争夺战。整个作战分为三个阶段。

潜艇战是指潜艇兵力在海洋战区进行的作战。海军海上主要作战样式之一。目的是实施战略威慑，打击敌岸上重要战略目标；袭击敌方在海洋上航行或在基地、港口内的大、中型战斗舰艇或舰船编队；破坏敌海上交通线，削弱对方战争潜力。

反潜战是同敌方潜艇兵力作斗争所采取的作战行动。是海战样式之一。分战术反潜战、战役反潜战和战略反潜战。包括运用各种反潜兵力兵器，搜索和攻击敌方潜艇，设置反潜障碍阻止或限制敌方潜艇的活动，以及为防止敌方潜艇的袭击所采取的护航、巡逻、警戒等。目的是消灭或削弱敌方潜艇兵力，以保障己方的安全和作战企图的实现。担负反潜作战的兵力有各种水面舰艇（反潜航空母舰、反潜巡洋舰、驱逐舰、护卫舰和猎潜艇等）、反潜飞机和反潜潜艇。探测潜艇的主要设备包括声呐、红外探测仪、磁探仪、二氧化碳分析仪、雷达和微光夜视仪以及卫星监视系统等。攻击潜艇的主要兵器包括反潜鱼雷、反潜导弹、深水炸弹和自动跟踪水雷等。

第一阶段(1939—09 ～ 1941—12)初期　德国以水面舰只作为主要破交兵力，辅以潜艇和轰炸机，但在英国建立护航制度后，其袖珍战列舰"施佩伯爵"号、战列舰"俾斯麦"号等多艘大型水面舰只被击沉。1940 年 8 月，德国实行无限制潜艇战，并从 1941 年 6 月起开始以潜艇作为主要破交兵力，形成潜艇战第一个

盟军大西洋护航舰队

百年烽火解析

高潮。这一阶段，英国和中立国损失舰船760余万吨，英战列舰"皇家橡树"号、战列巡洋舰"胡德"号以及航空母舰"勇敢"号和"光荣"号被击沉。

英轰炸机与舰艇在寻歼德国潜艇

第二阶段（1942-01～1943-05）美国参战后，德国将无限制潜艇战作战范围扩大到西大西洋，以潜艇群在北美外海袭击同盟国商船。后在美国反潜护航兵力的打击下，德国将大部分潜艇撤至中大西洋，并采取夜间近距离水面攻击的"狼群"战术，取得显著战果。为对付德国的潜艇战，英、美组建以护航航空母舰为核心的特遣舰队，并从1942年7月开始装备厘米波和分米波搜索雷达、磁探仪、新式声呐、深水炸弹等武器装备，使反潜战能力有了明显提高。1943年初，针对德国潜艇战再次出现高潮，英、美决定组建支援舰队，加大反潜兵力投入，并由消极防御转为积极进攻，迫使德国于同年5月将剩余潜艇撤离大西洋，使大西洋之战出现转折。这一阶段，同盟国和中立国损失商船和作战舰艇约1000万吨，德国损失潜艇155艘。

第三阶段（1943-06～1945-05）德国为扭转不利态势，再次出动潜艇群进入大西洋。英、美则抽调更多的兵力投入反潜战，基本掌握了大西洋上的制海、制空权，使德国潜艇难以有所作为。盟军对德国工业尤其是潜艇制造业基地的轰炸，使德国损失的潜艇难以得到补充。大西洋之战最终以德国的失败告终。这一阶段，同盟国和中立国损失各种舰船约300万吨，德国损失潜艇600多艘。

大西洋之战持续4年8个月，英、美共投入作战舰艇3000艘、飞机8000架；德国共投入水面作战舰艇37艘、潜艇1160艘。同盟国和中立国共损失舰船2100万吨，其中被潜艇击沉的占68.1%；德国损失潜艇780艘。此战表明，海上战争的胜负是交战双方军事、经济、政治和外交等综合国力反复较量的结果，海上破交和保交战在现代战争中具有重要战略地位。

[二、太平洋战争]

世界上最大、最深、边缘海和岛屿最多的一个大洋。位于亚洲、大洋洲、美洲和南极洲之间。北端以白令海峡与北冰洋相连；南抵南极洲；东南以南美洲南端合恩角（67°16′W）至南极半岛（61°12′W）的连线同大西洋分界；西南边与印度洋分界线，一般认为它是下面这样一条假想线：始于马六甲海峡北端，沿苏门答腊岛、爪哇岛、努沙登加拉群岛南岸，到新几内亚岛（伊里安岛）南岸的布季，越过托雷斯海峡与澳大利亚的约克角的相连，从澳大利亚东岸到塔斯马尼亚东南角、直至南极大陆的经线（146°51′E）。

太平洋的总面积为 17868 万平方千米，平均深度为 3957 米，最大深度为 11034 米（位于马里亚纳海沟中），体积为 7.071 亿立方千米，均居各大洋之首。

美军集结的空中力量使日军航母受到重创

太平洋拥有大小岛屿万余个，总面积为440多万平方千米。其中的新几内亚岛是太平洋中最大的岛屿，仅次于格陵兰岛，居世界第二。流入的河流有美洲的育空河、哥伦比亚河和科罗拉多河以及亚洲的长江、黄河、珠江、黑龙江和湄公河等。

第二次世界大战期间，同盟国在亚洲、太平洋地区进行的反对军国主义日本侵略的战争。日本为打破侵华战争的僵持局面，摆脱内外困境，决定趁欧战正酣之机南进，掠夺东南亚的战略物资，夺取美、英、荷的殖民地，建立"大东亚共荣圈"。1941年12月7日（夏威夷时间），日本袭击美国太平洋舰队基地珍珠港，轰炸菲律宾，登陆马来半岛，引发太平洋战争。日本调用陆军11个师团，舰艇205艘，飞机2300架，共约40万人，以半年时间侵占了泰国、香港、马来亚、菲律宾、荷属东印度（今印度尼西亚）、缅甸以及所罗门群岛与阿留申群岛的部分地区和岛屿。美国缺乏战争准备，初期遭受严重损失。在对德、意、日两面作战的形势下，美国执行先欧后亚的战略方针，在太平洋地区主要进行防御和钳制性作战。中国人民抗击着日本陆军主力，有力地支援了太平洋盟军和东南亚人民

夏威夷火山国家公园

太平洋战争中海空联合作战

冲绳岛战役中，日本海军"大和"号战列舰被美军舰载机击沉

的抗日斗争。1942年3～4月，美国建立太平洋和西南太平洋两个战区司令部（总司令分别为C.W.尼米兹和D.麦克阿瑟），开始增加兵力，展开局部反攻。在珊瑚海海战首挫日军后，又取得中途岛海战的胜利，初步掌握了作战海域的主动权。同年8月至次年2月，在瓜达尔卡纳尔岛重创日军，使战略形势发生根本变化。

此后双方展开激烈的岛屿争夺战。不久，美军收复阿留申群岛的阿图岛和基斯卡岛。1943年11月盟军转入全面进攻，麦克阿瑟一路由新几内亚西进尔后北上，尼米兹一路经中太平洋特鲁克群岛西进，向菲律宾方向分进合击，切断日本通向南洋的海上交通线。日本虽竭力增兵，但战线过长，兵力分散，处处应付，无法挽回败局。1944年美军控制中太平洋，占领马绍尔群岛和马里亚纳群岛，并在菲律宾群岛登陆。1945年攻占硫磺岛和冲绳岛，取得进攻日本本土的前进基地，并对日本本土加强轰炸和封锁。5月8日，德国投降后，日本完全孤立。8月6日和9日美国在广岛、长崎投掷原子弹。8日苏联对日宣战，出兵中国东北，并进军萨哈林岛（库页岛）南部和千岛群岛。中国人民发起全面反攻。在各国抗日军民共同打击下，日本侵略军迅速崩溃。15日，日本宣布无条件投降，9月2日

日本通过袭击珍珠港给美国太平洋舰队以重创

在投降书上签字，第二次世界大战至此结束。战争进程表明：日军袭击珍珠港，对掩护和保障其南进战略计划的实施意义甚大，但把美国卷入战争却是战略上的失策；双方海军舰队的核心都由原先的战列舰让

遭受空中攻击的珍珠港

位于航空母舰，舰载航空兵对确保海上交通线和掌握制海权、制空权有重大影响；以快速航空母舰编队和潜艇部队消灭日本海空部队，以及实施越岛作战，是美军取得胜利的重要军事因素。

[三、珍珠港事件]

第二次世界大战中，日本海军机动部队于 1941 年 12 月 7 日对美国海军基地珍珠港实施的战略突袭。

珍珠港是美国太平洋舰队主要基地和通往亚洲、大洋洲的交通枢纽。位于夏威夷群岛瓦胡岛南岸，东距火奴鲁鲁约 10 千米。陆地面积 40 多平方千米。由 3 个深入陆地的海湾组成，仅一窄口与大洋相通；湾内水深 10～20 米，通航水域面积 26 平方千米。港区掩蔽条件好，水域回旋余地大，为世界著名天然良港。因水域内曾盛产珍珠而得名。1887 年美国获得在此建立加煤站和修船站的特权。1898 年夏威夷归属美国后，开始兴建大型海、空军基地。1940 年，随着欧洲战局的发展和德、日、意三国同盟的建立，日本加紧"南进"的战争准备，以夺取美、英、荷在东南亚和西南太平洋的殖民地。为消除美太平洋舰队对其"南进"的威胁、夺取开战初期的制海权和制空权，日本海军军令部于 1941 年 10 月批准日本联合舰队司令长官山本五十六提出的珍珠港袭击计划，并经 11 月 5 日的御前会议定下决心。战前，美国对日本突袭珍珠港的可能性估计不足，缺乏警惕，疏于戒备。

美国太平洋舰队是美国海军两洋舰队之一。主要用于在太平洋和印度洋地区执行作战任务。司令部驻夏威夷珍珠港。平时由美国海军部和海军作战部长管理，战时受美军太平洋司令部指挥。建立于 1907 年，1922 年与大西洋舰队合并为美国舰队。根据 1940 年美国国会通过的"两洋海军"法案，于 1941 年 2 月重建，下辖 2 个以上奇数作战舰队。

二战中的美国太平洋舰队航母编队

太平洋战争中，曾辖第1、第3、第5、第7、第9舰队，在C.W.尼米兹指挥下，先后实施珊瑚海海战、中途岛海战、马里亚纳海战、莱特湾海战等，歼灭日本联合舰队主力，并协同陆军实施多次登陆作战。现辖第3、第7舰队，编有各型舰只121艘，其中航空母舰5艘、导弹巡洋舰14艘、导弹驱逐舰23艘、导弹护卫舰11艘、海岸巡逻舰4艘、战略导弹潜艇8艘、攻击潜艇24艘、两栖舰船21艘、扫雷舰艇2艘、辅助舰艇9艘。

11月中旬，由27艘潜艇组成的联合舰队先遣部队伪装日常巡逻，先后从佐伯湾和横须贺等地出发，沿中航线和南航线驶向夏威夷，执行侦察、监视和截击任务。11月26日，以6艘航空母舰（舰载机约400架）为主力编成的机动部队由第1航空舰队司令南云忠一海军中将率领，从千岛群岛的择捉岛单冠湾起航，沿北航线驶向瓦胡岛。12月7日（星期日）当地时间4时30分，机动部队在瓦胡岛以北约230海

被日机炸中的美国海军"亚利桑那"号战列舰
（1941年12月8日）

弗罗勒斯岛的火山湖

里处展开，并于 5 时 30 分派出 2 架水上飞机进行侦察，发现珍珠港内舰船密集，岛上机场飞机成行，高炮阵地只有少数人值勤。6 时起，日军出动第一波 183 架飞机，7 时 40 分从瓦胡岛西部进入，7 时 55 分开始攻击，8 时 40 分结束攻击。与此同时，日军第二波 171 架飞机抵临，从瓦胡岛东部进入，8 时 55 分开始攻击，持续约 1 个小时。整个行动，日军仅遇轻微抵抗，以损失 29 架飞机、1 艘潜艇和 5 艘特种潜艇的微小代价，击沉击伤泊驻在港内的全部 8 艘战列舰和 10 余艘其他主要舰只，击毁美机 232 架，毙伤美军 3681 人。美太平洋舰队的 3 艘航空母舰因出海执勤而免遭一劫。8 日，美国对日宣战。

　　日本通过袭击珍珠港给美国太平洋舰队以重创，为进攻菲律宾、马来亚和荷属东印度提供了可靠保证。

从空中俯瞰菲律宾的群岛

[四、中途岛海战]

太平洋战争期间，美国和日本海军在中途岛附近海域进行的大规模海战。

中途岛位于太平洋中部，是北美和亚洲之间的海、空交通要冲，也是美国的重要海军基地和夏威夷群岛的西北屏障。地处北纬28°13′、西经177°22′，大致处于太平洋东、西两岸的中间地带，属波利尼西亚岛群夏威夷群岛。东南距火奴鲁鲁（檀香山）约1850千米。为一周长约24千米的珊瑚环礁，礁盘南部有桑德岛和东岛及一些小岛。潟湖的出口在环礁的西北方向，右侧有一个小沙岛。陆地面积6.2平方千米。无常住居民。属亚热带气候。平均年降水量在1000毫米以上。

1859年美国N.C.布鲁克斯发现这个位于夏威夷群岛西北部无人居住的环礁。1867年美国正式占领该岛。1903年铺设的跨越太平洋的通信电缆从此经过，岛上开始有人居住。1935年民用航空站建成后，这里成为跨越太平洋飞行的加油站。1940年美国海军在岛上修建了航空和潜艇基地。

1942年4月18日美军首次空袭东京后，日本决心夺取该岛，迫使美军退守夏威夷和美国西海岸，同时诱歼美国太平洋舰队，以保证其本土和"南进"行动的安全。5月5日，日军大本营下

美军"无畏"式俯冲轰炸机准备攻击日舰

令实施以中途岛为主攻方向的中途岛-阿留申群岛战役，由日本联合舰队总司令山本五十六海军大将统一指挥。联合舰队倾巢出动，兵分5路。在主攻方向上，由南云忠一海军中将率第1机动部队（航空母舰4艘、舰载机280余架，其他作

战舰艇17艘）袭击中途岛，以保证登陆编队顺利上陆。5月26～29日，各编队先后从本土起航。此前，美军破译日军密码，掌握了其作战企图。美军太平洋战区总司令C.W.尼米兹调集航空母舰3艘（舰载机230余架）和其他作战舰艇40余艘，编成第16、第17特混舰队，部署在中途岛东北海域待机。

6月4日凌晨，日军第1机动部队进至中途岛西北240海里海域，4时30分派出第一波舰载机飞往中途岛执行轰炸任务。岛上美机升空迎战，并对日军机动部队进行鱼雷攻击。与此同时，美军特混舰队隐蔽接敌，于7时许在150海里距离上开始起飞舰载鱼雷机和俯冲轰炸机。由于日军侦察机未发现美特混舰队，于是南云决定对中途岛进行第二次空袭，命令已挂上鱼雷准备攻击美舰的第二波飞机改装炸弹。换装炸弹后侦察机发现美特混舰队，南云又急令第二攻击波卸下炸弹，再装上鱼雷。9时20分至10时26分，200余架美机乘日军第一波飞机返舰、第二波飞机重挂鱼雷的混乱时刻，连续猛烈攻击日军航空母舰，使"赤城""加贺"和"苍龙"号遭重创后沉没。不久，从"飞龙"号上起飞的舰载机击伤美军"约克敦"号航空母舰（后被日军潜艇击沉）。下午，美军发现"飞龙"号后，出动轰炸机将其击沉。5日下午，山本下令停止中途岛作战，率舰队撤出战斗。美军乘胜追击，6日又击沉日军"三隈"号重巡洋舰。

此战，日军损失航空母舰4艘、重巡洋舰1艘、飞机285架、人员3500名；美军损失航空母舰和驱逐舰各1艘、飞机150架、人员307名。美军的胜利改变了双方在太平洋战场航空母舰的实力对比，日本从此开始丧失战略主动权，战局出现有利于盟军的转折。

[五、瓜达尔卡纳尔岛争夺战]

太平洋战争中，美国和日本军队于1942年8月至1943年2月在瓜达尔卡纳尔岛（简称瓜岛）进行的岛屿争夺战。

瓜岛位于西南太平洋，是所罗门群岛面积最大和最重要的岛屿。位于南纬9°30′，东经160°。长150千米，宽48千米。陆地面积约5302平方千米。1893年成为英属所罗门群岛保护国的组成部分。日军在珊瑚海海战中首次受挫后，被迫停止南进。中途岛海战后，日军为保住战略主动权，决心恢复南进，攻占新几内亚的莫尔兹比港，威胁美军反攻基地澳大利亚。为建立前进基地，驻所罗门群岛图拉吉岛的日军于1942年6月底登上瓜岛，开始在泰纳留附近修建机场，至8月5日基本完工。美军在7月间发现日军在岛上修建机场后，决定在其启用前攻占该岛，以阻止日军继续推进。

8月7日，美军南太平洋司令部所属第1陆战师在泰纳留附近登陆，击溃日军施工和守备部队，并占领图拉吉岛及另外两个小岛。正在巴布亚作战的日军第17集团军奉命转移战场，在日本联合舰队主力支援下夺回瓜岛。18日夜，日军一木支队先遣队在泰维尤角登岛后西进，与美军激战后几乎全部被歼。20日，美军启用岛上亨德森机场后，开始逐渐掌握制空权和昼间制海权。28日夜，日军川

所罗门群岛山岭起伏林木繁茂的群岛景色

被击毙的日军士兵

口支队和一木支队主力在泰维尤角登陆，9月12日对亨德森机场发起攻击，经两天激战，伤亡惨重，被迫撤出战斗。10月上旬，日军第2师团主力和第38师团一部在塔萨法朗加登陆，使岛上兵力增至2.2万人。24日夜，日军再次对亨德森机场发起攻击，仍遭惨败。11月中旬，日军第38师团主力分乘11艘运输船驶往瓜岛，但在瓜达尔卡纳尔海战中被美军击沉10艘、击伤1艘。从此，岛上日军被迫转入防御，并因补给困难和疾病流行而陷入困境。12月，美军第2陆战师和第25步兵师接防瓜岛，兵力增至5万人。12月31日，日本御前会议决定停止瓜岛作战。1943年2月1～7日，岛上日军余部撤离。

此战，美军投入约6万人，伤亡约5800人；日军约3.6万人参战，损失约2.5万人。围绕瓜岛争夺战，双方海军共进行30余次海战，其中大规模海战6次。美军损失作战舰艇22艘，日军损失30余艘。日军从此完全丧失战略主动权，全面转入战略防御，盟军则开始转入战略反攻和进攻。

[六、莱特湾海战]

太平洋战争中，美国和日本海军在菲律宾莱特湾及附近海域进行的第二次世界大战中规模最大的海战。包括锡布延海战、萨马岛海战、苏里高海战和恩加尼奥角海战。

1944年10月20日，西南太平洋盟军登陆莱特岛，开始实施菲律宾战役。美国第3和第7舰队提供支援和掩护，共出动航空母舰35艘（舰载机约1280架）、战列舰12艘、巡洋舰26艘、驱逐舰144艘和潜艇29艘。为挫败美军企图、寻歼美海军主力，日本联合舰队开始实施"捷1号"作战计划，出动第3、第2、第5舰队组成北路、中路和南路3个编队，共辖航空母舰4艘（舰载机116架）、战列舰9艘、巡洋舰21艘、驱逐舰35艘和潜艇17艘，分别从濑户内海、奄美诸岛和新加坡驶往莱特湾。

10月23日晨，从新加坡北上的中路编队在巴拉望岛以西海域遭美军潜艇攻击，2艘重巡洋舰被击沉，1艘遭重创；24日驶入锡布延海时，又遭美军舰载机轮番攻击，世界上最大吨位的战列舰"武藏"号在被17颗炸弹和19枚鱼雷击中

日军展开了绝望的自杀式攻击，但仍以惨败告终

后沉没，千余名舰员葬身海底。25日凌晨，南路编队中的第2舰队、第3舰队在苏里高海峡遭美第7舰队鱼雷和舰炮攻击，2艘战列舰、1艘重巡洋舰被击沉。随后跟进的第5舰队被迫撤退。不久，中路编队经圣贝纳迪诺海峡进入萨马岛以东海域，向美第7舰队护航航空母舰编队发动攻击，日军2艘重巡洋舰受伤后，被迫撤出战斗。交战中，日军首次使用"神风"特攻机对美舰进行自杀性攻击。与此同时，美第3舰队北上迎战北路编队，在恩加尼奥角以东海域使用舰载机将日军4艘航母全部击沉。26日晨，撤退至班乃岛以西海域的中路编队再次遭到美军舰载机攻击。

此战，日军共损失4艘航空母舰、3艘战列舰、10艘巡洋舰、9艘驱逐舰、7艘潜艇、500架飞机（含岸基飞机100余架），伤亡约1万人；美军损失3艘轻型和护航航空母舰、3艘驱逐舰、飞机100余架，伤亡2800余人。日本海军遭到毁灭性打击，从此丧失大规模海战能力；美军完全掌握菲律宾群岛及其附近海域的制海制空权，为菲律宾战役的顺利实施和进军日本本土创造了条件。

第三章　钢铁之魂——著名军事武器

[一、滑膛炮]

滑膛炮是身管内壁无膛线的火炮。

早期的火炮都是前装滑膛炮，从炮口装填弹药，发射球形实心弹或球形爆炸弹。因滑膛炮的炮弹与炮膛弥合不严，造成火药燃气外泄，使火药推力减小，故射程近，射击密集度差。19 世纪中叶以后，线膛身管在火炮上广泛使用，滑膛身管仅在迫击炮、无坐力炮和部分反坦克炮上使用。20 世纪 50 年代以后，滑膛反坦克武器重新受到重视。60

73 式 100 毫米滑膛反坦克炮

装备时间：1973 年

产地：中国

口径：100 毫米

身管长：5450 毫米

重量：3630 千克

最大射程：13.7 千米

年代以后，各国研制出 90、100、105、115、120、125 毫米口径的多种滑膛反坦克炮和滑膛坦克炮。一些 100、105、125 毫米的滑膛炮可以发射炮射反坦克导弹，

使滑膛炮攻击远距离装甲目标的能力大为提高。中国先后研制了100毫米和120毫米口径的滑膛反坦克炮并装备部队。

中国73式100毫米滑膛反坦克炮

[二、加农炮]

加农炮是身管长、初速大、射程远、弹道低伸的火炮。

加农炮主要用于射击垂直目标、装甲目标和远距离目标。16世纪，有的国家把身管长为16～22倍口径的火炮称作加农炮。17世纪70年代，将重量在1800～3630千克的火炮称作加农炮。17世纪末，把射程大且弹道低伸的火炮称作加农炮。18世纪，加农炮身管长为18～26倍口径。19世纪中期，加农炮改用球形爆炸霰弹。以后又采用后装线膛式。第一次

1983年式152毫米加农炮

装备时间：1983年

产地：中国

口径：155毫米

身管长：8060毫米

重量：9.7吨

最大射程：30千米

世界大战时，加农炮身管长为 30～45 倍口径。第二次世界大战时，有的加农炮身管长为 49.5 倍口径。20 世纪 50 年代，有的加农炮采用活动身管炮身，身管长是口径的 55 倍。70 年代，有的自行加农炮装有自动装填机构，装弹、送弹全部自动化，提高了射速和机动能力；还装有封闭式炮塔，具有三防能力。

中国 1983 年式 152 毫米加农炮

[三、榴弹炮]

榴弹炮是一种身管较短、初速较小、弹道较弯曲的火炮。

早期的榴弹炮为发射石霰弹、爆炸弹的滑膛炮。17 世纪，欧洲把使用大射角发射爆炸弹的短管火炮称作榴弹炮。18 世纪的榴弹炮，身管长多为 7～16 倍口径。第一次世界大战前，榴弹炮有多种口径。第二次世界大战前，身管长达 28 倍口径。20 世纪 60 年代，榴弹炮口径主要有 105、122、152、155 毫米和 203 毫米等几种。

90 年代，出现了一批性能较好的自行榴弹炮。其中，有的自行榴弹炮的方向机、高低机的操作和输弹、装填等动作，均靠液压动力完成，比较典型的自行榴弹炮有美国的 M109A6 式"帕拉丁"155 毫米自行榴弹炮。为了满足山地作战和快速反应部队作战的需要，便于牵引和运载的轻型榴弹炮将得到发展。

中国 D-30A 式 122 毫米榴弹炮

[四、加农榴弹炮]

加农榴弹炮是兼有加农炮和榴弹炮弹道特性的火炮。简称加榴炮。

19 世纪中期，人们把既能发射实心弹又能发射爆炸弹的轻型火炮称为加榴炮。20 世纪 20 年代，人们将野战加农炮的炮身装在野战轻型榴弹炮的炮架上，称作"两用炮"。30 年代，人们将加农炮的长炮身装在高低射界为 -2° ～ +65° 的炮架上，称作榴弹－加农炮。50 年代，人们将榴弹炮炮身装在高低射界为 -5° ～ +45° 的炮架上，称作加农－榴弹炮，有的人将这类火炮仍称作榴弹炮或加农炮。加农榴弹炮用于射击远距离目标和破坏坚固的工程设施。其基本结构与加农炮和榴弹炮类同。当用大号装药和小射角射击时，弹道低伸，可遂行加农炮的任务；当用小号装药和大射角射击时，弹道较弯曲，可遂行榴弹炮的任务。现代加农榴弹炮配用的弹种与榴弹炮相似，一般为分装式弹药。

1966 年式 152 毫米加农榴弹炮

装备时间：1966 年
产地：中国
口径：152 毫米
身管长：4240 毫米
重量：5720 千克
最大射程：17.4 千米

中国 1966 年式 152 毫米加农榴弹炮

[五、迫击榴弹炮]

迫击榴弹炮是兼有迫击炮和榴弹炮弹道性能的火炮。简称迫榴炮。

迫榴炮是由迫击炮演变来的。美国 1957 年研制的 M98 式 107 毫米迫榴炮，

采用迫击发射。苏联在 20 世纪 80 年代初研制的 2S9 式 120 毫米自行迫榴炮，有轻装甲防护，采用炮尾装填。此后苏联研制了牵引型 2B16 式 120 毫米迫榴炮，还将 2S9 式 120 毫米自行迫榴炮的炮塔安装在 BTR-80（8×8）两栖装甲输送车底盘上，命名为 2S23 式 120 毫米轮式自行迫榴炮。1995 年俄罗斯研制成 2S31 式 120 毫米履带式自行迫榴炮，装备装甲步兵、空降兵和海军陆战队。其炮塔与车

2S9 式 120 毫米自行迫榴炮

装备时间：1984 年
产地：苏联
口径：120 毫米
身管长：1800 毫米
重量：8500 千克
最大射程：8.8 千米

体为全焊接铝装甲结构，车内有三防装置，火控系统包括弹道计算机、可见光直瞄和间接瞄准镜、1P51 型像增强夜间观瞄镜、1D22 C 型激光测距机兼目标指示器、自动导航定位定向系统和随动系统；利用后部两侧下方的喷水器可在水中行进。

苏联 2S9 式 120 毫米自行迫榴炮

[六、迫击炮]

迫击炮是用座钣承受后坐力发射迫击炮弹的曲射火炮。

早期的迫击炮是从臼炮演变来的，发射球形弹丸，用于对隐蔽目标曲射。1904～1905年日俄战争中，俄军使用了舰炮改制的迫击炮。第一次世界大战末期，英国人 W. 斯托克斯研制成口径为76.2毫米的"斯托克斯"迫击炮，1917年装备协约国部队。第二次世界大战初期，105～120毫米的中口径迫击炮和160毫米以上的大口径迫击炮在摧毁坚固工事中显示了威力。迫击炮主要配用杀伤爆破弹和特种弹，用于歼灭、压制有生力量和技术兵器，破坏铁丝网等障碍物。迫击炮由炮身、炮架、座钣和瞄准具组成。其中，炮身尾端由装有击针的炮尾密闭。有的击针是固定的，有的击针在弹簧作用下可以伸缩。座钣通常为圆形、矩形、三角形或梯形。炮架由托架、缓冲机、螺杆式瞄准机和脚架组成。

德国"鼬鼠"120毫米自行迫击炮

[七、M1主战坦克]

M1 主战坦克是美军 1981 年装备的装甲战斗车辆。

M1 主战坦克又称"艾布拉姆斯"坦克，是以美军将领 W. 艾布拉姆斯的姓氏命名的。除装备美军外，它还出口中东地区。其有 M1、M1A1、M1A2 和 M1A2SEP 等型号。M1 主战坦克主要武器为一门 105 毫米线膛炮。辅助武器为一挺 12.7 毫米机枪和 2 挺 7.62 毫米机枪。火控系统为指挥仪式，具有夜间和行进间对运动目标射击的能力。动力装置采

M1 主战坦克

装备时间：1981 年

产地：美国

全重：54.5 吨

乘员：4 人

最大速度：72.4 千米／时

最大行程：498 千米

用燃气轮机。传动装置采用自动变速箱。悬挂装置为独立扭杆式。M1A1 主战坦克于 1985 年制成，主要改进是采用 120 毫米滑膛炮和贫铀穿甲弹。参加海湾战争的美军坦克主要是 M1A1 主战坦克。M1A2 主战坦克 1991 年制成，曾在伊拉克战争中使用。M1A2SEP 主战坦克是在 M1A2 主战坦克基础上改进而成，主要改进是安装新型车长显示器、全球定位系统接收机等。

美国 M1A1HA 主战坦克

[八、T-84 主战坦克]

T-84 主战坦克是乌克兰莫洛佐夫设计局 1993 年研制、马雷舍夫坦克厂生产的装甲战斗车辆。

除装备乌克兰军队外，它还出口巴基斯坦。T-84 主战坦克主要武器为一门 125 毫米滑膛炮。其采用自动装弹机供弹。辅助武器为一挺 7.62 毫米并列机枪和一挺 12.7 毫米高射机枪。它采用 1A45 指挥仪式火控系统，具有在行进中对运动目标射击的能力，并具有较高的首发命中率。发动机横置，传动装置采用双侧变速箱，有 7 个前进挡和一个倒挡，悬挂装置为扭杆式。车体和炮塔采用复合装甲，炮塔为焊接结构，外表面镶嵌反应装甲。车上装有"窗帘"——主动防护系统。车内装有三防装置和灭火抑爆装置。

T-84 主战坦克

装备时间：1993 年
产　地：乌克兰
全　重：46 吨
乘　员：3 人
最大速度：65 千米/时
最大行程：540 千米

乌克兰 T-84 主战坦克

[九、T-90 主战坦克]

T-90 主战坦克是俄罗斯乌拉尔车辆制造厂生产，1994 年装备俄军的装甲战斗车辆。

T-90 主战坦克

装备时间：1994 年

产地：俄罗斯

全重：46.5 吨

乘员：3 人

最大速度：60 千米/时

最大行程：550 千米

T-90 主战坦克还出口印度等国家。它的主要武器为一门 125 毫米滑膛炮，配装自动装弹机，可发射尾翼稳定脱壳穿甲弹、破甲弹、杀伤爆破弹、定时引信榴霰弹和激光制导的反坦克导弹。辅助武器为一挺 7.62 毫米机枪和一挺 12.7 毫米高射机枪。它采用稳像式综合火控系统，在行进间对运动目标具有较高的首发命中率。动力装置采用水冷增压多种燃料发动机，传动装置采用双侧变速箱，有 7 个前进挡和一个倒挡，悬挂装置采用扭杆式。车首和炮塔正面采用复合装甲及最新的反应装甲，车体前部两侧也装有反应装甲，以加强对重点部位的防护。车上装有主动防护系统。车内装有三防装置和自动灭火抑爆装置。

俄罗斯 T-90 主战坦克

[十、90 式主战坦克]

90 式主战坦克是日本三菱重工业公司 1974 年研制，1991 年装备自卫队的装甲作战车辆。

90 式主战坦克主要武器为一门 120 毫米滑膛炮，辅助武器为一挺 7.62 毫米并列机枪和一挺 12.7 毫米高射机枪。火控系统为指挥仪式，其反应时间仅有 4 ～ 6 秒，比常规火控系统的反应时间缩短 50%。动力装置采用日本三菱公司的二冲程水冷涡轮增压柴油机。配用带静液转向机构的自动变速箱，可实现无级转向。悬挂装置为混合式，前部两对和后部两对负

90 式主战坦克

装备时间：1991 年
产　地：日本
全　重：50 吨
乘　员：3 人
最大速度：75 千米 / 时
最大行程：350 千米

重轮采用液气悬挂装置，中间两对负重轮采用扭杆悬挂装置，使车底距地高在 0.2 ～ 0.6 米的范围内可调。车体和炮塔采用日本研制的复合装甲，车上装有三防装置、灭火抑爆装置和激光探测报警装置。

日本 90 式主战坦克

[十一、99 式主战坦克]

99 式主战坦克是中国兵器工业总公司生产，1999 年装备部队的装甲作战车辆。

99 式主战坦克主要武器为一门 125 毫米滑膛炮，采用自动装弹机，发射尾翼稳定脱壳穿甲弹、破甲弹和杀伤爆破弹。辅助武器为一挺 12.7 毫米高射机枪和一挺 7.62 毫米并列机枪。火控系统为稳像式，动力装置采用水冷涡轮增压柴油机。

99 式主战坦克

装备时间：1999 年
产地：中国
全重：50 吨
乘员：3 人
最大速度：65 千米 / 时
最大行程：450 千米

中国 99 式主战坦克

[十二、两栖突击车]

两栖突击车是用于登陆作战的履带式轻型装甲战斗车辆。

两栖突击车用于装备两栖机械化部队和海军陆战队，用于沿海地区登陆作战，以及内陆江河、湖泊地区机动作战，实施由舰到岸输送兵员和物资。它由武器系统、推进系统、防护系统、电气设备和通信设备等组成。武器系统有火炮、机枪、火控系统等，推进系统有动力装置、传动装置、操纵装置、行动装置和水上推进装置等，

美国 AAAV 两栖突击车

装备时间：2006 年

产　地：美国

陆上最大速度：72 千米 / 时

水上最大速度：46 千米 / 时

陆上行程：643 千米

水上行程：123 千米

防护系统有装甲壳体、特种防护装置、迷彩伪装等。20 世纪 30 年代，美国研制出 LVT1 履带式登陆车。50 ～ 70 年代，研制出 LVTP5、LVTP7 履带式登陆输送车，用于装备美国海军陆战队两栖突击营。80 年代，美海军陆战队装备的 LVTP7 全部进行改装，改型车称为 AAV7 两栖突击车。2003 年，研制出 AAAV 两栖突击车。

美国 AAAV 两栖突击车

美国 AAV7 两栖突击车

[十三、空降战车]

空降战车是配有专用伞降系统，能空运空投的装甲战斗车辆。

空降战车主要装备空降部队，用于执行快速突击任务。它通常为履带式，由武器系统、推进系统、防护系统、电气设备和通信设备、空降设备等组成。武器系统有火炮或导弹发射装置和观瞄装置等，推进系统有动力装置、传动装置、操纵装置、行动装置等，防护系统有装甲防护和特种防护等，空降设备包括伞降系统和缓冲系统。20 世纪 60 年代以前，

德国"鼬"2 空降战车
装备时间：1994 年
产地：德国
全重：4100 千克
车长：4.2 米
最大速度：70 千米／小时
最大行程：550 千米

以轻型坦克作为空降战车使用。1970 年苏联军队开始装备 BMD-1 空降战车,配有喷气式伞降制动系统,用安 -22 和伊尔 -76 飞机空运空投。1985 年苏军装备了 BMD-2 空降战车。1990 年,苏联和德国分别研制成功 BMD-3 空降战车和"鼬"1 空降战车。

苏联 / 俄罗斯 BMD-2 空降战车

德国"鼬"2 空降战车

[十四、装甲输送车]

装甲输送车设有乘载室，主要用于战场上输送步兵的装甲战斗车辆。

装甲输送车除输送步兵外，也可输送物资器材，必要时还可用于战斗。通常它被装备到机械化步兵班。其由推进系统、武器系统、防护系统、通信设备和电气设备等组成。车内分驾驶室、动力室、战斗室和载员室，驾驶室位于车体前部左侧，动力室位于右侧，战斗室位于中部。车上装有机枪，有的还装有小口径机关炮。载员室位于后部，车尾有较宽的车门，多为跳板式，便于载员迅速上下车。多数装甲输送车可水上行驶，用履带或车轮划水，也可以用螺旋桨和水上推进器推进。1918 年，英国利用菱形坦克研制出第一辆履带式装甲输送车。20 世纪 80 年代以后，装甲输送车发展迅速，已成为陆军的重要装备之一，主要车型有美国的 M113A3 装甲输送车和"斯特赖克"装甲输送车等。

美国"斯特赖克"装甲输送车

[十五、装甲侦察车]

装甲侦察车装有侦察设备，主要用于实施地面侦察的装甲战斗车辆。

装甲侦察车具有战场观察、目标搜索、识别、定位、处理和传输能力。现代装甲侦察车一般装有大倍率光学潜望镜、电视摄像机、热像仪、激光测距仪、雷达定位定向、信息处理和信息传输设备等。大倍率光学潜望镜和电视摄像机主要用于能见度良好的夜间进行侦察，并具有电视自动跟踪能力。热像仪主要用于夜间侦察。激光测距仪的误差一般为5米。雷达可全天候实施侦察，具有多目标自动跟踪能力。定位定向设备通常由全球卫星定位装置和惯性定位定向装置组成。信息处理设备由计算机等组成，可对侦察到的目标与图像进行采集、存储和叠加属性、数量、时间、坐标等。信息传输设备由微波电视传输设备和电台组成，可将侦察到的信息及时传递给其他作战单元。

美国 M2A3 "布雷德利" 步兵战车

[十六、装甲指挥车]

装甲指挥车装有指挥设备，用于实施作战指挥的装甲车辆。

装甲指挥车用于装备机械化部队，作为移动指挥所。它的基本结构与其他轻型装甲车辆类同，车上通常装有供指挥员、参谋人员和勤务人员作业使用的电台、车内通话器、计算机、导航仪、观察仪器及指挥控制作业图板等。在车辆停止时，指挥员可通过遥控装置使用车上电台实施指挥。辅助发电机用来给车上蓄电池充电。在固定地点实施指挥

中国 81-1 式装甲指挥车

装备时间：1980 年

产地：中国

全重：13 吨

乘员：3 人（车长、驾驶员、副驾驶员）

载员：7 人（2 指挥员、3 参谋、2 警卫）

最大速度：60 千米/时

时，可在车尾部架设帐篷，构成车外工作室。第一次世界大战期间，英国利用Ⅳ型坦克，装上两部无线电报设备，改装成装甲指挥车，用于作战指挥。法国用"雷诺" FT-17 坦克改装成 T.S.F 装甲指挥车。第二次世界大战期间，为了解决坦克和机械化部队的作战指挥，英、美、德、法等国家用装甲车改装成指挥车。

中国 81-1 式装甲指挥车

[十七、反坦克地雷]

反坦克地雷是用于毁伤坦克和其他车辆的武器。

反坦克地雷通常由雷壳、装药、引信及辅助机构组成，用于布设反坦克地雷场或地雷群，阻滞机械化部队的行动。反坦克地雷按其破坏目标的部位，分为①反履带雷。主要用以破坏坦克和其他车辆的行走部分，使之失去机动能力。②反车底雷。用以击穿坦克底甲，破坏其内部设备和杀伤乘员，使之失去机动能力或战斗能力。③两用雷。具有破坏车底和履带双重战斗功能的地雷。④反侧甲雷。通常布设在道路两旁，用以攻击坦克侧甲。⑤反顶甲雷。该反坦克地雷是一种寻的

中国 GLD224 型反坦克车底地雷

地雷，用以攻击坦克薄顶甲。法、英、德联合研制的"塔兰特尔"面防御地雷，是一种智能地雷。通过遥感装置使地雷跳至空中，自动搜寻目标，确认系攻击目标时，地雷爆炸形成自锻弹丸攻击坦克的顶部。

中国 GLD230 型反坦克侧甲地雷

[十八、防步兵地雷]

防步兵地雷是用于杀伤徒步人员的武器。

防步兵地雷又称杀伤人员地雷。它通常由雷壳、装药、引信组成，用以构成防步兵地雷场或地雷群，阻滞步兵行动，杀伤有生力量，给人员造成心理恐惧。它也可与防坦克地雷一起构成混合地雷场。防步兵地雷有爆破型和破片型两种。爆破型防步兵地雷是通过装药爆炸生成的爆炸产物和冲击波的直接作用杀伤人员。通常其配用压发或松发引信，主要杀伤直接踏雷人员。破片型防步兵地雷是利用装药爆炸后产生的飞散破片或钢珠杀伤有生力量，通常配用拉发（或绊发）引信，也有的配用压发、松发、触发引信或由人员操纵起爆的电发火引信。单个地雷的杀伤半径为数米至数十米。中国是世界上最早使用地雷的国家，至迟在 16 世纪中叶出现了用钢轮发火的触发防步兵地雷。

中国 69 式防步兵跳雷

装备时间：1969 年

产地：中国

全重：1.35 千克

尺寸：φ61×114 毫米

主装药种类：TNT

主装药重量：0.105 千克

中国 72 式防步兵地雷

中国 69 式防步兵跳雷

[十九、核监测装备]

核监测装备是探测核爆炸和核爆炸产生的核辐射，预测和评估其毁伤效应的装备的总称。

①核爆炸监测装备。从目视观测、手动估算单一核爆炸探测装备及核估算装备发展到利用电子、遥感和计算机技术的自动核爆炸监测装备，进而发展成能在核爆炸瞬间立即将各种数据传递到指挥机构的自动化系统。②核辐射监测装备。已由电子管组成测量电路和电表显示的核辐射监测装备，发展成由大规模集成电路组成测量系统和数字显示的核辐射监测装

核监测装备

袖珍式核监测装备
便携式核监测装备
车载式核监测装备
地面固定式核监测装备
机载式核监测装备
星载式核监测装备

备，由微型计算机组成可进行自动、快速、大面积监测的车载式、舰载式和机载式核辐射监测装备；由只能测量 γ 剩余核辐射剂量的核辐射监测装备发展为既能测量早期核辐射又能测量剩余核辐射，既能测量 γ 辐射又能测量中子辐射剂量的核辐射监测装备。

辐射剂量仪

核爆炸监测系统

[二十、化学侦察装备]

化学侦察装备是用于发现毒剂并查明毒剂种类和染毒情况的各种防化装备的总称。

化学侦察装备的基本结构形式有袖珍式、便携式、机动式和固定式等。这些装备小到单兵携带的侦毒包、手持探测器等简易化学侦察装备，大到供舰艇、装甲车辆、机场和大型工事等使用的核化生侦察车、移动式分析检测实验室等。根据装备类型及不同要求，化学侦察装备主要采用：①物理方法。有光学方法、电离方法等。②物理化学方法。利用毒剂的化学能转变为电能的原理，通过对电流的测量检测毒剂。③化学方法。利用毒剂与特定化学试剂反应后，生成的不同颜色、沉淀、荧光或产生的电位变化侦检毒剂。④生物化学方法。应用毒剂与某些生物活性物质的特殊反应鉴别毒剂。

化学侦察装备

化学观察装备
化学报警装备
化学侦毒装备
化学监测装备
化学化验装备

芬兰手持型 ChemPro100 化学
毒剂检测仪

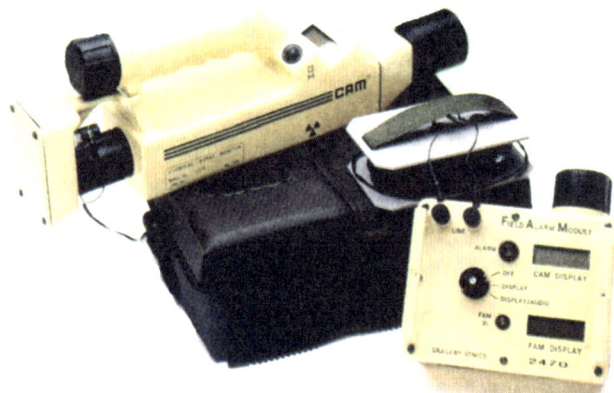

部分化学侦察装备

[二十一、生物侦察装备]

生物侦察装备是采集生物战剂样品和鉴定生物战剂种类及其污染程度的各种仪器和器材的总称。

生物侦察装备用于检测环境中的生物战剂并根据需要进行报警。基于生物技术的生物侦察装备主要有：①生物战剂检验箱。②免疫测定仪。③生物战剂检测器。④生物战剂鉴定系统（RAPID）。⑤生物一体化侦检系统（BIDS）。⑥生物战剂点测装置——联合生物战剂点测系统（JBPDS）。基于物理方法及

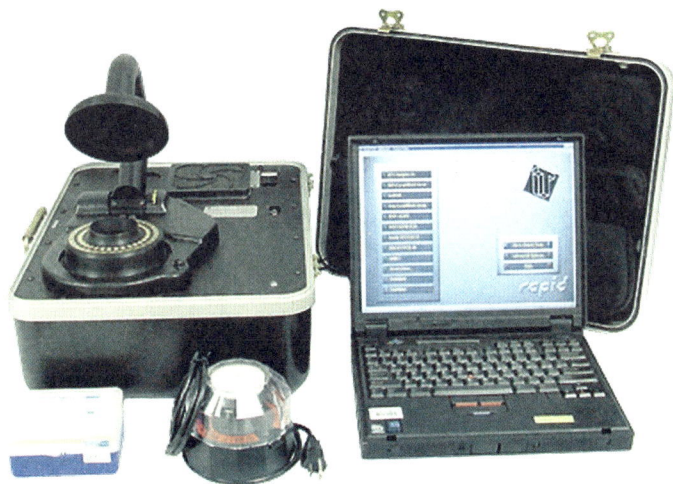

其他技术的生物侦察装备主要有：①生化质谱仪。②远程生物战剂遥测系统。③联合生物遥感/早期报警系统（JBREWS）。生物侦察装备从生物化验和检验车发展到集成化的鉴定系统，从单纯的生物学方法扩展到红外、激光、质谱等多种现代化检测技术与手段，从单点检测发展到多点检测、计算机控制的多方位、集成化、遥测检测系统。

美国生物战剂鉴定系统

[二十二、防毒面具]

防毒面具是保护呼吸器官、眼睛和面部，防止毒剂、生物战剂、放射性灰尘等有毒有害物质及缺氧空气吸入呼吸道对人员造成伤害的个人防护装备。

防毒面具的产生源于化学毒剂在战场上的大规模使用。第一次世界大战期间，德国军队首次使用氯气进行化学攻击，为避免毒剂通过呼吸道对人员造成伤害，出现了防毒面具。最早使用的防毒面具是浸渍有化学药剂的普通纱布口罩，一般称湿式口罩或防毒口罩。由于新毒剂的出现，原有的基于化学原理制成的防毒口罩不能满足防护的要求，出现了由橡胶面罩和装填活性炭及滤烟材料的滤毒罐组

防毒面具
按防护原理：
　过滤式防毒面具
　隔绝式防毒面具
按使用对象：
　军用防毒面具
　民用防毒面具

成的防毒面具，形成了现代面具的雏形。随着军用毒剂、生物战剂毒性的不断提高、使用技术的不断发展及核武器的使用，经过不断的研究和改进，现代军用防毒面具在防护原理、防护性能、使用性能等方面都有了很大的发展，其应用也从军事拓展到了生产、生活的诸多领域。

过滤式防毒面具

[二十三、喷火器]

喷火器是喷射火焰射流的燃烧武器。

喷火器又称火焰喷射器。一种近距离火攻武器，主要用于攻击暗火力点和地下目标，消灭工事内的有生力量，烧毁易燃的物资和技术装备。喷火器喷射的火柱，能沿堑壕、坑道内壁拐弯、蔓流、飞溅、黏附燃烧，可产生800℃左右的高温；油料燃烧要消耗氧气并产生有毒烟气，能使较密闭工事内的人员窒息、中毒。在攻击坑道、洞穴、地下工事和夜间使用时，喷火器具有其他直射火器

意大利 T-148/A 轻型喷火器

产 地：意大利
口 径：40 毫米
喷射距离：60 米
全 重：13.8 千克
喷枪质量：4.3 千克
油瓶质量：8.5 千克

所没有的独特杀伤效果。喷火器主要由储油装置、压源装置、导流装置、点火装置和喷射装置等部件组成。喷射时，储油装置内的喷火油料在压缩气体或火药气体等压源的作用下，经导流装置由喷嘴喷出的同时被点火装置点燃，形成火柱。

意大利 T-148/A 轻型喷火器

[二十四、催泪弹]

催泪弹是装有催泪性刺激剂的防暴装备。

催泪弹主要包括装填刺激剂的手榴弹、枪榴弹等。刺激剂有催泪剂和喷嚏剂之分。人们通常将装填刺激剂的炸弹习惯称为催泪弹。用作催泪剂的化合物主要有苯氯乙酮，还有卤代脂肪酮、卤代芳香酮等。西埃斯（CS）等刺激剂除对眼睛具有强烈刺激外，对上呼吸道及皮肤也有较强的刺激作用。催泪弹主要由弹体、装药和

RS97-2 燃烧型催泪弹

装备时间：1997 年
产地：中国
弹长：122 毫米
弹径：37 毫米
弹重：0.17 千克
发烟时间：20 秒

发火系统（引信）三部分组成。按分散方法，可分为爆炸分散型催泪弹和热分散型催泪弹。人眼接触催泪剂后立即感到刺激，1 至数分钟后眼睛剧烈疼痛、流泪，难以忍耐，刺激严重时能造成结膜炎、头痛等病症。对上呼吸道刺激后能引起咳嗽、打喷嚏等症状。脱离接触或进行防护后，刺激症状可在几分钟至数小时内消失。

催泪弹

[二十五、便携式探雷器]

便携式探雷器是由单兵携带及使用，以非接触方式探测单个地雷的探雷装备。

便携式探雷器一般由探头、探杆、信号处理装置、电池和显示报警装置组成。它主要有低频电磁感应探雷器、微波探雷器、复合探雷器及成像探雷器等。按工作原理其可分为两类：低频电磁感应探测和微波介质探测。低频电磁感应探测的原理是依据探头辐射的电磁场与附近的金属导体或磁性介质发生相互作用，使探雷器电路的工作参数（频率、振幅、相位）产生变化，由信号处理装置检测、处理后予以报警。采用微波介质探测原理的探雷器称微波探雷器，其探头（天线）多采用平衡结构形式。它辐射的平衡电磁场在传输过程中遇到介质中有其他物体时，会产生畸变，由此产生信号，发出音频报警。

中国士兵用便携式探雷器探雷

[二十六、自动手枪]

自动手枪是利用火药燃气能量完成自动装填枪弹的小型枪械。

自动手枪包括半自动手枪和全自动手枪。半自动手枪能完成自动装填但仅能单发射击，全自动手枪既能完成自动装填又能连发射击。它由枪管、套筒、握把座、复进机、弹匣、击发机构、发射机构和瞄准装置组成。一般其利用发射时膛内火药燃气压力推动套筒后坐退壳，再利用复进簧力推动套筒前进，推弹入膛，完成自动装弹。常见的自动方式有枪管短后坐式和枪机后坐式，枪机后坐式又分为自由枪机式和半自由枪机式。多采用枪管摆动式闭锁机构和惯性闭锁机构。发射机构有单动式和联动式，通常为闭膛待击。击发机构主要采用击锤回转式或击针平移式。在击发机构和发射机构中又设有保险机构。自动手枪均采用弹匣供弹。瞄准装置一般采用准星缺口。

意大利伯莱塔96式9毫米手枪

装备时间：1985 年

产地：意大利

口径：9 毫米

枪长：217 毫米

枪重：0.96 千克

有效射程：50 米

意大利伯莱塔96式9毫米手枪结构示意图

瑞士 SIGP2299 毫米手枪

[二十七、自动步枪]

自动步枪是利用火药燃气能量完成弹药自动装填的小型枪械。

自动步枪由单兵使用，以其猛烈火力消灭 400 米内暴露的有生目标和火力点，也可用刺刀和枪托杀伤敌人，有的还可发射枪榴弹或下挂榴弹发射器，杀伤面目标和薄壁装甲目标，有半自动步枪和全自动步枪两类。自动步枪多采用导气式自动方式，枪机回转式闭锁机构，弹匣式容弹具，击锤回转式击发机构。半自动步枪能自动

自动步枪

装备时间：20 世纪 40 年代

产地：美国等

口径：小于 8 毫米

枪长：1000 毫米左右

枪重：约 4 千克

有效射程：多为 400 米

装填，但不能自动发射，射击时，每扣动一次扳机便可射出一枚子弹。半自动步枪比非自动步枪的射速提高了两倍以上。全自动步枪除能自动装填外，还能自动

发射，只要射手扣住扳机不放，就可以连续射击，直到弹匣内的子弹全部打完。由于自动步枪不需要人工退壳和装弹，所以提高了战斗射速，减少了射手的疲劳，也便于射手集中精力观察、瞄准目标。

苏联 7.62 毫米 SKS 半自动步枪

联邦德国 7.62 毫米 G3 式自动步枪

[二十八、突击步枪]

突击步枪是一种使用中间型步枪弹或小口径步枪弹的自动枪械。

突击步枪具有冲锋枪的猛烈火力和接近传统步枪的射击威力，适于近战，以火力杀伤暴露的有生目标，可用刺刀和枪托进行格斗，还可发射枪榴弹或挂装榴弹发射器，实施面杀伤和毁伤薄壁装甲目标。突击步枪重量较轻，长度较短，火力较猛，不但能单发、连发射击，有的还可点射。

突击步枪

装备时间：第二次世界大战

产地：德国等

口径：小于 8 毫米

枪长：1000 毫米左右

枪重：小于 4 千克

有效射程：300 ~ 400 米

除采用固定木枪托或塑料枪托外，它还采用金属折叠枪托或伸缩枪托，有的采用无托结构。有的发射无壳弹药。有的突击步枪通过采用短枪管而发展为短突击步枪，或加长枪管并安装两脚架而发展为单兵突击机枪，以适应特种部队和班组火力支援的需要。新型突击步枪多采用模块化结构，一枪多型，以实现武器的多种用途；大量采用工程塑料，以减轻武器重量；注重人机工效，以方便携行和使用等。

德国 StG44 式 7.92 毫米突击步枪

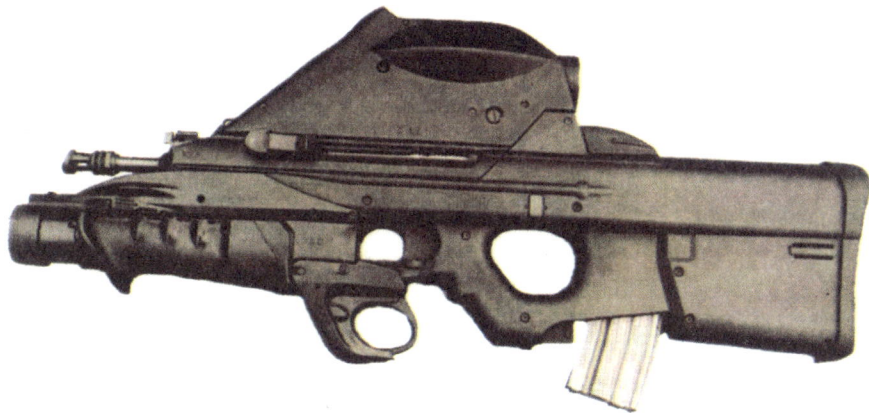

比利时 F2000 式 5.56 毫米突击步枪

[二十九、狙击步枪]

狙击步枪是供狙击手使用的远距离高射击精度枪械。

狙击步枪配有光学瞄准镜或夜视瞄准镜，用于对 600～1000 米内的单个重要目标实施精确射击，分为半自动式与非自动式。半自动狙击步枪多是在常规自动步枪基础上研制的，机构结实，动作可靠，火力持续性也好。非自动狙击步枪基本是在比赛步枪基础上研制的，采用直动式枪机单发装填射击，射击精度较好。狙击步枪的特点是枪管长，

狙击步枪

装备时间：20 世纪下半叶

产　地：美国等

口　径：不定

枪　长：1000 毫米左右

轻　重：4.5～6 千克

有效射程：800～1000 米

加工质量好，通常是专门精制的，或者是从大量普通步枪中精选出来的，各部件均经过严格挑选，保证尺寸公差，因此具有良好的远射性能。为了保证远距离射击的准确性，提高首发命中率以及可靠的杀伤效果，绝大多数狙击步枪均发射大威力步枪弹，有的则发射特制的狙击步枪弹，以获得更好的弹道性能。

奥地利 SSG69 式 7.62 毫米狙击步枪

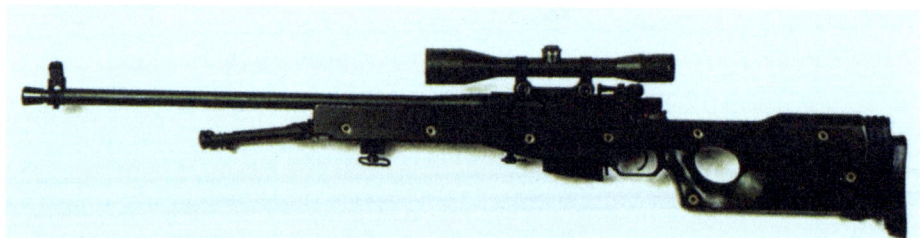

英国 L96A1 式 7.62 毫米狙击步枪

[三十、卡宾枪]

卡宾枪是一种枪身较短的步枪。

卡宾是英文 Carbine 的音译，原为骑兵乘骑作战使用，后来也用于炮兵、伞兵、步兵和其他兵种。卡宾枪通常为某种步枪的变型枪。同步枪一样，也有非自动、半自动和全自动之分。现代卡宾枪都能全自动发射，枪托结构形式多样，有折叠托、伸缩托、无托结构，并尽量采用新材料、新结构来降低全枪重量，减短全枪长。世界上第一支卡宾枪是 1888 年式 7.92

卡宾枪

装备时间：1888 年后

产　地：德国等

口　径：小口径

枪　长：1100 毫米左右

枪　重：3 千克左右

有效射程：300 米左右

毫米毛瑟步枪枪管被截短后的变型枪，称为毛瑟 98k 式 7.92 毫米卡宾枪，又称毛瑟马枪，枪长 1100 毫米。第二次世界大战中，各种半自动和自动卡宾枪迅速发展。战后，因骑兵从军队编制中消失，传统卡宾枪逐渐从军队装备序列中淘汰。20 世纪 60 年代以后，各国研制的小口径班用枪族中大多有短突击步枪，即火力强化了的卡宾枪。

德国 98k 式 7.92 毫米卡宾枪

美国 M1 式 7.62 毫米卡宾枪

[三十一、轻机枪]

轻机枪是配有两脚架、重量较轻、携行方便的步兵班火力支援自动枪械。

轻机枪主要用于射击中近距离的集群或单个有生目标。它编配在步兵班内，为步兵班主要火力支援武器，能伴随步兵作战。自动方式大多采用导气式，一般都有气体调节器。闭锁方式多为枪机回转式。其多采用连发击发机构，由射手控制射击弹数，实施 3 ～ 5 发短点射、5 ～ 8 发长点射或连续射击。供弹具有弹链、弹鼓、弹盘、

轻机枪

装备时间：1902 年以后
产地：丹麦等
口径：5.45 ～ 8 毫米
枪长：1000 毫米左右
枪重：10 千克以下
有效射程：600 ～ 800 米

弹匣等多种形式。两脚架连接在枪身前部，架杆通常可以伸缩并能调整张开的角度，以改变火线高和调平枪身。瞄准常用机械式瞄准装置，现代轻机枪也配用光学瞄准镜或夜视瞄准具。可实施卧姿抵肩射击，必要时也可实施立姿、跪姿或行进间夹持射击。1902 年丹麦研制成功的麦德森机枪是世界上第一挺带有两脚架、可抵肩射击的轻机枪。

苏联 RPK 式 7.62 毫米轻机枪

奥地利斯太尔 AUG5.56 毫米轻机枪

[三十二、重机枪]

重机枪是配有稳定枪架，能持续、连发射击的步兵分队重要火力支援枪械。

重机枪主要用于杀伤中远距离有生目标、压制火力点、射击薄壁装甲目标及低空目标。它是步兵分队的重要支援武器。在远距离上有较好的射击精度和火力持续性，能实施超越射击和散布射击。其主要由枪身、瞄准装置和枪架构成。①枪身。其为导气式或枪管短后坐式，导气装置设有气体调节器，可调节火药燃

气流量以适应各种气象、环境条件下的射击。通常采用连发击发机构，射手控制射击弹数，实施短点射（3～5发）、长点射（5～8发）或连续射击。枪管皆选用耐热、耐磨的优质合金钢材料。供弹方式多采用弹链供弹，并配有大容量弹链箱。②瞄准装置。它配有光学瞄准具、夜视瞄准具和横表尺。③枪架。它多用杆式三脚架，也有的用轮式三脚架。

美国M1917式7.62毫米重机枪

俄罗斯KORD12.7毫米重机枪

[三十三、通用机枪]

通用机枪是枪身用两脚架支撑可作轻机枪使用，用稳定枪架支撑可作重机枪使用的自动枪械。

通用机枪又称轻重两用机枪。其作轻机枪使用时，主要杀伤、压制 800 米内的有生目标；其作重机枪使用时，主要杀伤、压制 1000 米内的有生目标；一般通用机枪都能高射架枪，实施对空射击。自动方式多为导气式，闭锁机构多为枪机回转式或枪机偏转式，击发方式为连发。一般配有大、小弹箱和不同长度的弹链。它作轻机枪使用时，弹箱可挂在枪身上，能实施行进间射击，伴随步兵战斗。为了便于轻机枪射击，通常配有枪托。同时配有两脚架和三脚架。两脚架装在枪身前部，架杆多为可伸缩式，以便调整火线高和调正枪身。第二次世界大战前，德国设计了 MG34 通用机枪。此后改进成 MG42 通用机枪，1942 年装备部队。

中国 QJY88 式 5.8 毫米通用机枪（使用两脚架作轻机枪用）

中国 QJY88 式 5.8 毫米通用机枪（安装在三脚架上作重机枪使用）

[三十四、高射机枪]

高射机枪是主要用于射击低空目标的可连续射击的大口径自动枪械。

高射机枪也可用于射击地面轻型装甲目标和火力点，有效射程一般在 2000 米以内。按机动方式，它分为携行式、牵引式和车装式三类。高射机枪的显著特点是射角大。对空射击多采用环形缩影瞄准具或自动向量瞄准具。其多采用弹链式供弹方式，联装式机枪可双向供弹，也可双路供弹，以便迅速更换弹种，对付不同目标。为对付高速低空目标，

中国 QJG02 式 14.5 毫米高射机枪

装备时间：2002 年

产地：中国

口径：14.5 毫米

枪重：小于 75 千克

有效射程：2000 米

弹头初速：995 米/秒

常用提高单枪射速、多枪身联装齐射及采用转管或转膛等方法来提高火力密度。第一次世界大战中，德国和法国制造出最早的高射机枪。最初是把重机枪安装在专用枪架上当高射机枪使用。第二次世界大战期间，高射机枪得到了广泛应用。战后，由于飞机飞行高度和速度的不断增加，高射机枪的作用减弱，发展缓慢。

中国 QJG02 式 14.5 毫米高射机枪

[三十五、舰艇机枪]

舰艇机枪是安装在舰艇及其他水上作战平台上的大口径自动枪械。

舰艇机枪主要用于对付低空目标和水面、地面集群有生目标，是战斗舰艇上的辅助武器，也是非战斗舰艇上的自卫武器。其以大口径居多，常设有防盾，一般单人立姿操作，有的还辅以电动机或液压系统。为便于舱内射击，多采用电击发式机构。为了提高战斗射速、增强火力，多采用双联、三联或四联机枪。配弹量多，

舰艇机枪

装备时间：无
产地：中国等
口径：7.62 ~ 14.5 毫米
有效射程：1000 ~ 2000 米
弹头初速：70~300 发/分
配弹：3000 ~ 8000 发

大口径机枪配弹 3000 发以上。舰艇机枪有并列机枪、航向机枪和高射机枪三种。①并列机枪。与舰炮平行安装在火炮摇架上，射击时与舰炮共用一套火控系统。②航向机枪，又称前机枪。一般安装在船舶中间或一侧，射击方向与舰艇行进方向一致，由专门射手操作。③高射机枪。一般安装在舰艇的旋转座圈上，由装填手操控射向、射手瞄准射击。

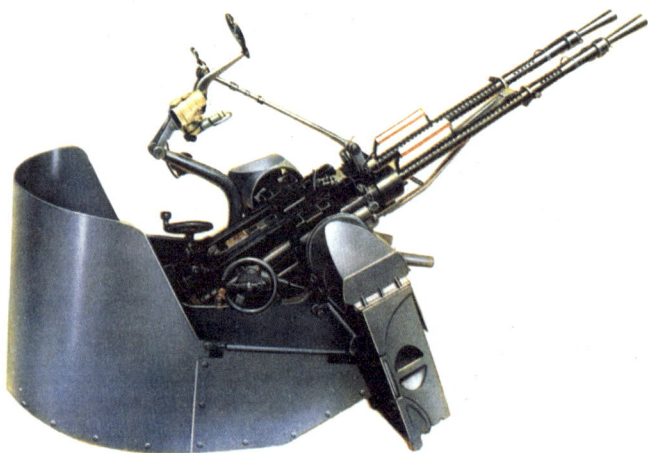

中国 1969 年式 14.5 毫米双联舰艇机枪

[三十六、航空机枪]

航空机枪是安装在作战飞机、武装直升机上的自动枪械。

　　航空机枪主要用于空战，击毁空中目标，也可用于杀伤地面集群有生目标和攻击轻型装甲车辆等。航空机枪按结构，分为单管式、转膛式和转管式。单管式和转膛式多利用火药燃气能量完成射击循环，转管式常使用外能源动力装置（利用电动机等驱动）。航空机枪按安装方式，分为固定安装于机身内和安装在机体外吊舱内两种。射击方式均为连发。它常采用多枪并联或转管、转膛的方式提高射速。1912 年 6 月，美国人在飞机上安装了刘易斯机枪，进行了飞行射击试验，随后被英国人装在飞机上，成为最早的航空机枪。20 世纪 30 年代末，发展了大口径航空机枪。60 年代以后，随着空空导弹的出现和武装直升机的大量使用，航空机枪又有了新的发展平台和空间。

安装在英国皇家空军 SE5 飞机上的 MK2 式刘易斯航空机枪

[三十七、车载机枪]

车载机枪是安装在坦克、装甲车等车体上的大、中口径自动枪械。

车载机枪又称坦克机枪。在坦克上是辅助武器，在其他装甲车辆上多为主要武器。其用于歼灭和压制中近距离有生目标、火力点，也可用于毁伤轻型装甲目标和低空目标。坦克机枪的长度较短，可左右供弹，卸下后可作为地面机枪使用。一般由普通机枪改装而成。有的枪管加粗加长以增大火力持续性和威力；击发机构为电击发式；有时要加装专门排气装置以使燃气排出车外；为防止射击时弹壳乱飞，设有弹壳、弹链收集器或使其抛出车外。1916年英国 I 型坦克上即装有机枪。有的坦克上装 6 挺或 7 挺机枪，多为制式的轻机枪、重机枪或二者的改进型。随着坦克作战任务的变化和坦克机枪对付目标的不同，多数坦克机枪为中口径和大口径并存，并作为坦克的辅助武器使用。

安装在俄罗斯 T-90 坦克上的 KORD 坦克机枪

[三十八、微声枪]

微声枪是发射时声响微小的枪械。

微声枪俗称无声枪。它发射时噪声小，同时具有微光、微烟等特点，主要供侦察兵和特种作战部队使用。结构与一般枪械类同，前端装有较粗的枪口消声器是明显的外部特征。枪口消声器多种多样，其消声器原理通常是将膛内喷出的高压火药燃气封闭在消声筒内，设法消耗其能量，再缓慢排出枪外。常用的枪口消声器有三种：①网式消声器。在枪管前部开有多排侧孔，外套内装卷紧了的金属丝网。②封闭式消声器。在枪口部安装橡皮封闭。③隔板式消声器。内置多层隔板，从膛口喷出的高压高温火药燃气，通过各层隔板，多次膨胀减压，消耗大量能量，减少膛口噪声。世界上第一个枪口消声器是 1908 年美国人 H.P. 马克沁为斯普林菲尔德步枪研制的。

俄罗斯 AS9 毫米微声突击步枪

装备时间：无
产地：俄罗斯
口径：9 毫米
枪长：878 毫米
枪重：2.5 千克
弹头初速：295 米 / 秒

俄罗斯 PSS7.62 毫米封闭式微声手枪

俄罗斯 AS9 毫米微声突击步枪

[三十九、霰弹枪]

霰弹枪是在近距离将许多弹丸、小箭等成束射向目标的肩射滑膛枪械。又称滑膛枪、猎枪或鸟枪。

霰弹枪是一种在特定条件下完成特定战斗任务的有效武器。它多采用火药作为能源，也有的采用压缩空气作能源。其具有可发射成束弹丸，火力猛，首发命中率高，快速反应能力好等特点。它主要用于丛林、城镇等复杂地形遭遇战、伏击战等突发战斗中杀伤近距离目标。大多数国家主要

美国雷明顿 M870-1 霰弹枪

装备时间：1966 年
产地：美国
口径：18.5 毫米
枪长：1060 毫米
枪重：3.60 千克
容弹量：7 发

作为警用武器和特种武器，在民间也被大量用作狩猎和射击比赛用枪。霰弹枪按结构外形，分为单管、并列双管和上下排列双管；按发射方式，分为非自动、半自动和全自动；按用途，分为军用型、警用型、狩猎型和运动比赛型。它采用滑膛枪管，枪膛直径用口径号量度，常用规格为 12 号，12 号霰弹枪的口径为 18.5 毫米。1690 年，英军采用的滑膛前装燧发枪，是西方最早的霰弹枪。

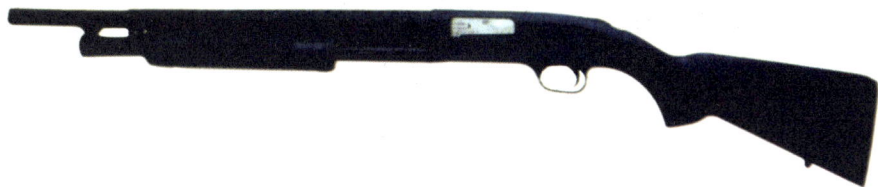

美国莫斯伯格500系列12号霰弹枪

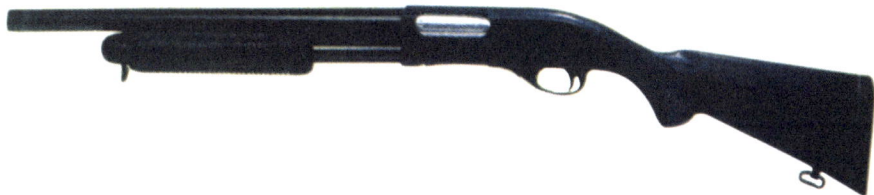

美国雷明顿M870-1霰弹枪

[四十、信号枪]

信号枪是发射信号弹或其他烟火弹药的特种枪械。

信号枪用于发射产生不同颜色光、烟的信号弹，用以传递命令，提供识别标志和方位，进行通信联络、紧急救援或报警，也可供短时照明。其多为单管的，也有双管的。它由身管、闭锁机构、击发机构、退壳与保险机构及握把等组成。信号弹通常有发光和发烟两种，可发出红、绿、黄、白四种光色和红、蓝两种烟色。发烟信号弹适于在白天使用，以利于远距离识别。

中国1957年式26毫米单管信号枪

装备时间：1957年

产地：中国

口径：26毫米

枪长：220毫米

枪重：0.9千克

最大射高：大于90米

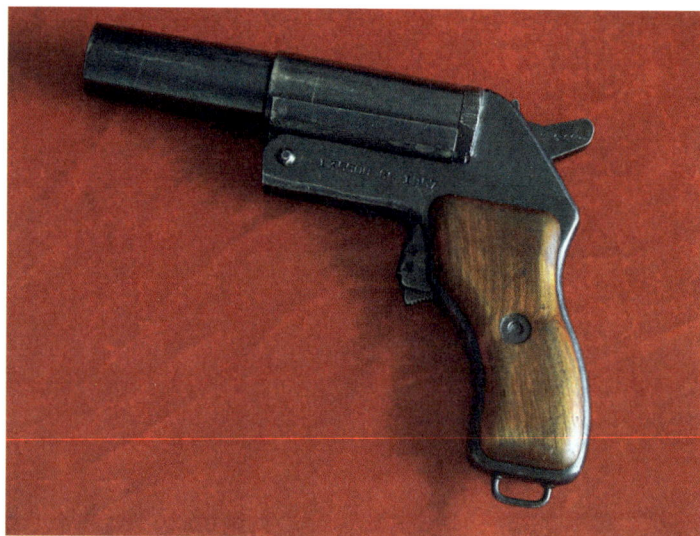

中国1957年式26毫米单管信号枪

[四十一、水下枪械]

水下枪械是适用于水下射击的近战水中武器。

水下枪械主要装备特种部队，杀伤水中近距离有生目标。其有水下手枪和水下步枪等。水的密度大于空气密度800多倍，因此弹丸在水中运动阻力很大，速度衰减快，有效射程短，并且随着入水深度增加而减少，通常在小于30米深的浅水范围内使用。射击时，枪管内火药燃气的压力和枪械自动机的阻力急剧增大，为保证自动装填弹药，复进簧刚度较大，自动机的往复运动是在较大强制力的作用下进行，易使武器部件损

俄罗斯APS型5.66毫米水下自动步枪

装备时间：20世纪70年代
产地：苏联/俄罗斯
口径：5.66毫米
枪重：2.7千克
弹头初速：365米/秒
有效射程：11~30米（水下）

坏，水下自动武器的使用寿命仅为常规自动枪械的 1/3 左右。水下枪械最早出现于 20 世纪 60 年代初期。70 年代，联邦德国为水下特种部队研制了 P11 型 7.62 毫米水下手枪，俄罗斯 APS 型 5.66 毫米水下自动步枪 1976 年正式装备使用。70 年代中后期，苏联研制了 APS 型 5.66 毫米水下自动步枪。

俄罗斯 APS 型 5.66 毫米水下自动步枪

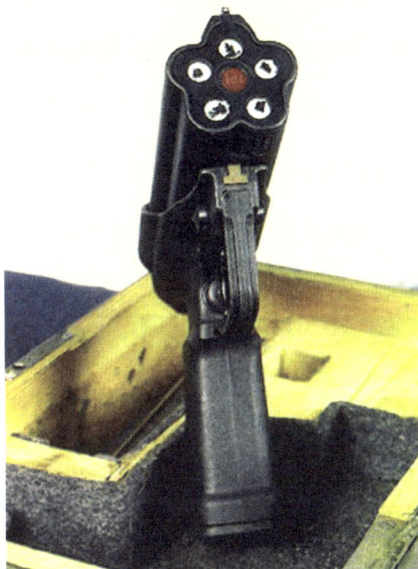

德国 P11 型 7.62 毫米水下手枪

[四十二、手榴弹]

手榴弹是用手投掷或以手持发射器发射的小型弹药。

手榴弹俗称"手雷",是各兵种通用的作战与自卫两用武器装备。它具有结构简单、造价低廉、使用方便等优点,配备步兵,用于杀伤有生目标、破坏简易土木工事或完成其他作战任务。它一般由弹体和引信(或发火件)两部分组成。弹体形状通常为圆柱形、卵形和桶形等。有的还有手柄,弹体内装炸药或其他装填物。其一般采用延期发火件、击发(拉发)延期引信、触发引信或延期/触发两用引信。手榴弹的历史,可以追溯到9世纪末10世纪初的唐代末期。宋咸平三年(1000),唐福向宋真宗献的火毬,是史料记载最早的手投弹药。15世纪,欧洲出现了用黑火药制成、用于城堡和要塞防御的手榴弹。

中国 82-2S 全塑杀伤手榴弹

[四十三、枪榴弹]

枪榴弹是用步枪和枪弹发射的弹药。

枪榴弹主要用于杀伤集群有生目标，打击近距离的薄壁装甲车辆，破坏土木工事和火力点，也可用于纵火和施放烟幕等。其具有体积小、重量轻、威力大和操作使用方便，杀伤方式点面结合，杀伤破甲一体化等特点。它适于山地、丛林作战和城市作战。使用时，其由枪榴弹、枪弹和装有枪榴弹发射具的枪械组成武器系统。它由战斗部、引信和弹尾部件组成。战斗部的结构与手榴弹相似，形状为圆柱形，内装炸药、化学药剂和其他元件。引信有延期引信、触发引信、近炸引信和其他引信，使战斗部能在最有利时机作用。弹尾部件有尾管和尾杆两种。

比利时伸缩枪榴弹系列

[四十四、"尼米兹"级航空母舰]

"尼米兹"级航空母舰是美国纽波特纽斯造船厂建造的多用途核动力大型水面载机作战舰艇。

"尼米兹"级航空母舰的主要任务是夺取并保持作战海域的制空权、制海权和制电磁权,对陆上目标实施空中打击,封锁海区,保护交通线,支援登陆作战和濒海陆上作战等。其动力装置为2座压水堆,4台蒸汽轮机;4台应急柴油机。它通常携载固定翼飞机、舰载直升机70余架。其主要舰载武器有八联装北大西洋公约组织"海麻雀"舰空导弹发射装置3座,6管20毫米"密集阵"近程防御武器系统4座(部分舰上装有2座"拉姆"舰空导弹发射装置)。其主要电子系统有三坐标对空警戒雷达、远程搜索雷达、对海搜索雷达、导航雷达、导弹制导火控雷达、航空管制 / 全自动着舰引导雷达、作战指挥控制系统、海军战术数据库系统、卫星通信系统等。

> **"尼米兹"级航空母舰**
> 首舰装备时间:1975 年
> 产地:美国
> 排水量:91487 ~ 102000 吨
> 总长:332.9 米
> 宽:40.8 米
> 最大航速:30 节以上

美国"尼米兹"级航空母舰

[四十五、"库兹涅佐夫"号航空母舰]

"库兹涅佐夫"号航空母舰是苏联乌克兰尼古拉耶夫造船厂建造的多用途大型水面载机作战舰艇。

"库兹涅佐夫"号航空母舰的主要任务是在岸基航空兵作战半径以外的海域执行反潜、反舰和防空作战；扩大海上防御范围，确保战略导弹潜艇安全；破坏敌方海上交通线，支援登陆作战等。当时它被称作重型载机巡洋舰。它曾以"第比利斯"号命名。苏联解体后，它隶属俄罗斯海军，被调往北方舰队，易名"库兹涅佐夫"号。"库兹涅佐夫"号是苏联继"基辅"级之后发展的另一级航空母舰首舰。其动力装置有锅炉8座、蒸汽轮机4台，采用4轴推进。它通常携载固定翼飞机、舰载直升机39架，其中包括战斗机18架，教练机4架，反潜、

"库兹涅佐夫"号航空母舰

装备时间：1990年
产地：苏联/俄罗斯
排水量：58500吨
总长：304.5米
航空甲板宽：70米
最大航速：30节以上

俄罗斯"库兹涅佐夫"号航空母舰

预警直升机 17 架。其主要舰载武器有 SS-N-19 远程舰舰导弹垂直发射装置 12 座，SA-N-9 舰空导弹垂直发射装置 4 座（备弹 192 枚）等。

[四十六、直升机母舰]

直升机母舰是以舰载直升机为主要作战和保障手段，用于反潜或垂直登陆等任务的大型水面战斗舰艇。

直升机母舰广义上属航空母舰。设有供直升机用的起降甲板、机库、升降机和技术保养、加油、装载弹药的舱室和设备，装备有舰空导弹、舰炮和鱼雷等自卫武器。按用途，它分为反潜直升机母舰、登陆直升机母舰。①反潜直升机母舰。起降甲板小、升降机少，直升机同时起飞的数量不大；可与驱逐舰、护卫舰协同作战，航速一般高于登陆直升机母舰；设有吊放式声呐及反潜鱼雷的检修场地。②登陆直升机母舰。起降甲板大、升降机多，可保证登陆时有足够多的直升机同时起降；设有从住舱到甲板上的登陆部队快速输送电梯、输送两栖装甲车辆的升降机，以及宽大的登陆兵住舱等。直升机母舰是 20 世纪 50 年代在垂直登陆作战理论指导下发展的新舰种。

法国"圣女贞德"号
直升机母舰
装备时间：1964 年
产地：法国
排水量：13270 吨
总长：182 米
宽：24 米
最大航速：26.5 节以上

法国"圣女贞德"号直升机母舰

[四十七、战列舰]

战列舰是装备有多座大口径舰炮，曾作为舰队主力在远洋作战的大型水面战斗舰艇。

战列舰又称战斗舰、主力舰。它是"巨舰大炮主义"的象征。其主要用于攻击大型舰船和敌岸重要目标，支援登陆作战等。它具有较厚的装甲防护和水下防雷隔舱，可搭载多架飞机，攻击力强，能独立或与其他舰艇组成编队遂行海上作战任务。船体外板增装舷侧斜装甲和甲板装甲，水线

美国"艾奥瓦"级战列舰

装备时间：1943年

产地：美国

排水量：45000吨

总长：270.43米

宽：32.97米

最大航速：33节

下舷侧板也得到加强，设有防雷隔舱。主动力多为蒸汽轮机，通常 3、4 台。主炮口径 355 ～ 460 毫米，通常三联装 3 座以上；副炮口径亦可达 105 ～ 155 毫米，一般三联装，多达 16 座。第二次世界大战时期战列舰主要有日本的"大和"级、美国的"艾奥瓦"级、英国的"英王乔治五世"级、德国的"俾斯麦"级、意大利的"意大利"级。第二次世界大战中，航空母舰和潜艇的成功运用，使战列舰逐步退役或封存。

美国"艾奥瓦"级战列舰

[四十八、巡洋舰]

巡洋舰是装有导弹、鱼雷、舰炮等武器系统和舰载直升机，主要用于在远洋活动与作战的大型水面战斗舰艇。

巡洋舰的使命任务是为航空母舰编队和其他舰艇编队护航，承担防空、反潜或反舰任务。它也可作为舰艇编队的主力舰，担负编队指挥和防空、反潜、对海、对岸攻击任务，保卫己方和破坏敌方海上交通线，支援登陆和抗登陆作战等。巡洋舰一般装有防空、反舰和反潜导弹，大、小口径舰炮，反潜直升机，反潜鱼雷及电子战系统；配备有性能先进的雷达、声呐等探测设备和作战指挥系统，具有较强的防空、对海、反潜和对岸多种作战能力。18 世纪风帆战船时代，对海上编队中执行巡逻、侦察、护卫任务的船只泛称为巡洋舰。19 世纪 60 年代，舰船采用螺旋桨推进后，

美国"弗吉尼亚"级"阿肯色"号导弹巡洋舰

装备时间：1976 年

产　地：美国

排水量：8623 吨

总长：173.4 米

宽：19.2 米

最大航速：30 节以上

美国"弗吉尼亚"级"阿肯色"号
导弹巡洋舰

才开始建造具有近代意义的巡洋舰。

[四十九、驱逐舰]

驱逐舰是以导弹、鱼雷、舰炮和舰载直升机为主要武器，具有多种作战能力的中型水面战斗舰艇。

驱逐舰是海上舰队编成中的重要舰种之一。它用于舰艇编队防空、反舰、反潜，以及护航、侦察、巡逻、警戒、布雷、袭击岸上目标、支援和掩护登陆等，也可以单独或协同其他兵力执行任务。它具有水面战斗舰艇结构的一般特点。世界上最早的驱逐舰是1893年英国建成的"哈沃克"号和"霍内特"号鱼雷驱逐舰。现代驱逐舰普遍采用导弹垂直发射装置，可发射舰舰、舰空和反潜导弹，武器配

中国台湾"基隆"级驱逐舰

1805 1803

置趋于标准化：对海武器为 2 座四联装反舰导弹发射装置，1、2 座大中口径炮；反潜武器为 2 座三联装鱼雷发射管、1、2 架反潜直升机，配置反潜导弹（与舰空导弹共架发射）；防空武器有 2 座末端防御小口径舰炮，配置点防御舰空导弹或区域防空导弹系统。

[五十、护卫舰]

护卫舰是以导弹、鱼雷、舰炮、深水炸弹为主要武器的中型水面战斗舰艇。

护卫舰用于海上舰艇编队护航，执行反舰、反潜、防空任务，还可担负巡逻、警戒、侦察、支援登陆作战等。按排水量大小，它分为大型护卫舰、中型护卫舰和轻型护卫舰。①大型护卫舰。排水量 3000～4000 吨级，个别达到

5000～6000吨级。航速一般在25～30节，续航力在4000海里以上，有的达到7000海里左右。动力装置普遍采用柴燃交替动力或全燃气轮机或全柴油机动力装置，个别采用柴电燃动力装置。②中型护卫舰。排水量1500～3000吨级，航速25～30节，续航力4000海里左右，动力装置普遍采用柴燃交替动力或全柴油机动力装置。③小型护卫舰。又称轻型护卫舰，排水量600～1500吨，个别已达2000多吨，航速一般在25～30节，续航力大多在2000海里以上。

美国"佩里"级护卫舰

装备时间：1977年

产地：美国

排水量：2770吨

总长：135.6米

宽：13.7米

最大航速：30节

美国"佩里"级护卫舰

[五十一、巡逻舰]

巡逻舰是用于在近海水域执行警戒巡逻、护航护渔、搜索救援、海上执法、维护海洋权益、保证资源开发安全和保护海洋环境的中型水面舰艇。

巡逻舰依各国国情和舰艇分类标准的不同，对巡逻舰的称谓和管理体制也有所不同。日本属海上保安厅，称为巡逻舰；美国属海岸警卫队，称为海上安全舰、沿海武装艇；法国通常称为通报舰或监视护卫舰。在中国由多个海事部门管理，它被称为海监船、渔政船、海巡船等。巡逻舰通常装备中小口径舰炮

> **美国"汉密尔顿"级巡逻舰**
>
> 装备时间：20 世纪 60 年代
> 产地：美国
> 排水量：3250 吨
> 总长：115 米
> 宽：13 米
> 最大航速：29 节以上

1、2座，对海探测、搜索雷达和商用导航雷达各1部，通常还装备高频、超高频和甚高频通信设施和其他必要的电子设备，建立指挥显示和目标跟踪控制系统。有的巡逻舰搭载1架直升机；对没有能力搭载直升机的巡逻舰，通常配备一艘刚性壳体的快速（30节以上）充气艇，利用舰尾坡道或起重机吊放下水和回收，以提高运送、检查和救援能力。

美国"汉密尔顿"级巡逻舰

[五十二、导弹艇]

导弹艇是以舰舰导弹为主要武器的小型高速水面战斗舰艇。

导弹艇又称导弹快艇。它主要用于近岸、近海海区单艇或与其他兵力协同对敌方水面舰艇实施导弹攻击，有的也可以用于巡逻、警戒、反潜等。其具有目标小、航速高、机动灵活、攻击威力大、易于隐蔽突击等特点。但是耐波性较差，作战半径较小，自卫能力较弱。导弹艇多采用滑行艇型、半滑行艇型、排水艇型等。根据吨位的不同，可以分为大、中、

小型导弹艇。为减轻重量，它主要采用钢或钢和铝混合结构，也有少数采用全铝结构。动力装置多数采用高速柴油机，少数采用柴－燃联合动力装置。装有舰舰导弹2～8枚、单管或双管20～76毫米舰炮1、2座，以及探测、通信、导航、电子对抗设备和指挥控制系统等，有的还装备鱼雷、舰空导弹。

俄罗斯"毒蜘蛛"Ⅲ级导弹艇

[五十三、鱼雷艇]

鱼雷艇是以鱼雷为主要武器的小型高速水面战斗舰艇。

鱼雷艇又称鱼雷快艇。在其他兵力协同下，它主要在近岸海区以编队形式对敌大、中型水面舰船实施鱼雷攻击，也可执行反潜、布雷等任务。鱼雷艇体积小，航速高，机动灵活，隐蔽性好，攻击力强，但耐波性差，活动半径小，自卫能力弱。艇型有滑行型、半滑行型和水翼型。艇体采用铝合金、合金钢、木质、木壳板和金属骨架混合等材料结构。推进装置多数采用高速柴油机，少数采用燃气轮机或柴－燃联合动力装置。装备鱼雷发射管 2～6 具，25～76 毫米舰炮 1、2 座，有的还装有深水炸弹、水雷发射（布放）装置和射击指挥系统。艇上装有通信、导航、雷达、红外探测、夜视等设备。1877 年，英国最先研制成"闪电"号鱼雷艇。

中国 5238 号四管鱼雷艇

中国 2215 号水翼鱼雷艇

[五十四、常规潜艇]

常规潜艇是以柴油机或柴油发电机组、蓄电池和主电机为推进动力的水下作战舰艇。

常规潜艇主要用于攻击运输舰船、大中型水面舰艇和潜艇，以及执行布雷、侦察、水下运输、输送特种作战人员等任务。它具有尺度较小、机动灵活、噪声低、隐蔽性好、造价较低等特点，适于在浅海水域作战使用。常规潜艇主要特点是：①隐蔽性强。②进攻能力强。③下潜深度大。④信息化、自动化水平高。⑤续航力高。1897 年，美国建成水面使用汽油机、水下使用电动机的"霍兰"Ⅵ号潜艇，标志着常规动力潜艇的诞生。20 世纪初，潜艇开始配备火炮、鱼雷和水雷武器，并具有较好的适航性和机动性，具

> **澳大利亚"科林斯"级常规潜艇**
>
> 装备时间：1996 年
> 产地：澳大利亚
> 排水量：3051 吨水面，
> 3353 吨水下
> 尺寸：77.5 米 ×7.8 米
> 最大航速：水面 10 节，
> 水下 20 节
> 下潜深度：300 米

备了一定作战能力。常规潜艇的发展趋势是：提高以隐身为重点的隐蔽性能；增加水下续航力，降低暴露率；加大下潜深度；装备巡航导弹和先进的鱼雷及水雷等。

澳大利亚"科林斯"级常规潜艇

[五十五、核潜艇]

核潜艇是以核能为推进动力源的水下作战舰艇。

核潜艇包括弹道导弹核潜艇和攻击型核潜艇。弹道导弹核潜艇主要用于战略核打击和核反击，是国家核战略力量的重要组成部分；攻击型核潜艇用于反舰、反潜、攻击陆上目标，为航空母舰、大型舰艇编队及弹道导弹核潜艇护航，以及执

美国第一艘核潜艇"鹦鹉螺"号

装备时间：1954 年

产　地：美国

艇　重：2800 吨

排水量：水上 3700 吨，水下 4040 吨

尺　寸：97.5 米 ×8.4 米

吃　水：6.7 米

中国 406 号弹道导弹核潜艇

美国第一艘核潜艇"鹦鹉螺"号

行侦察、破交、布雷、收放无人水下航行器、运送特种作战部队等任务。与常规动力潜艇相比，其主要特点是：核反应堆贮存能量大，特别适合潜艇水下航行和作战需要；航速高，水下续航力大，能在水下长期隐蔽航行和作战，可以满足远离基地作战的需要；排水量大，装载武器多，威力大，攻击力强。艇体采用水滴形线型，艇上主要武器：弹道导弹核潜艇以弹道导弹为主，攻击型核潜艇以飞航式导弹和鱼雷为主要武器。

[五十六、弹道导弹核潜艇]

弹道导弹核潜艇是以弹道核导弹为主要武器的有超限航程和自持力的水下作战舰艇。又称战略导弹核潜艇。

苏联、美国于 1959 年分别建成第一艘 H 级和"乔治·华盛顿"号弹道导弹核潜艇。苏联先后发展了 H（"旅馆"）级、Y（"杨基"）级、D（"德尔塔"）级、"台风"级共四级 9 型弹道导弹核潜艇，其中"台风"级是世界上排水量最大的弹道导弹核潜艇。俄罗斯发展的新一代弹道导弹核潜艇是"北风"级。美国优先发展潜基战略核武器，先后发展了"乔治·华盛顿"级、"伊桑·艾伦"级、"拉斐特"级、"俄亥俄"级共四级弹

俄罗斯"台风"级弹道导弹核潜艇

装备时间：1981 年
产　地：苏联/俄罗斯
尺　寸：172.8 米 × 23.3 米
排水量：水上 24500 吨，水下 46000 吨
最大航速：水上 16 节，水下 27 节
下潜深度：500 米

道导弹核潜艇，以及"北极星"A-1 型、"北极星"A-2 型、"北极星"A-3 型、"三叉戟"-Ⅰ型、"三叉戟"-Ⅱ（D5）型共 5 型潜射弹道核导弹，后将"俄亥俄"级的前 4 艘艇改装成发射巡航导弹和运送特种作战队员的多用途潜艇。

可携带 12 ～ 24 枚潜地弹道导弹，射程为 2000 ～ 12000 千米，每枚导弹可

携带单弹头、多弹头或分导式多弹头，导弹的命中精度、突防能力不断提高。一般装有 4～6 具鱼雷发射管，发射反潜导弹、潜舰导弹和鱼雷。弹道导弹舱通常布置于潜艇指挥台围壳后部，个别布置于前部（如俄罗斯的"台风"级）。导弹发射筒通常与艇中心线对称成两行垂直配置，穿过耐压艇体和上层建筑，导弹舱内布置有导弹发射及控制设备，设有均压、液压、开盖、空调、瞬时平衡等发射保障设备。导弹发射一般采用燃气－蒸汽发射装置，高压燃气蒸汽推动导弹从发射筒射出，发射深度为 25～60 米。为了满足战略导弹的使用要求，潜艇上通常装备有先进的惯性导航、卫星导航系统，星光导航潜望镜，以及惯导校正设备等，并装备有短波、极低频、甚低频、卫星通信等多种远距离通信设备。典型的有俄罗斯的"台风"级弹道导弹核潜艇、美国的"俄亥俄"级弹道导弹核潜艇和法国的"凯旋"级弹道导弹核潜艇。

提高战略导弹的射程、精度和突防能力，进一步增强战略核潜艇的打击威力；降低潜艇噪声，提高潜艇隐蔽性和生存能力；提高潜艇自主导航、隐蔽通信、声呐探测能力，以及信息化水平。

俄罗斯"台风"级弹道导弹核潜艇